REGRESANDO A CASA EN LEMURIA

por Charmian Redwood

Traducido al español por: Laura Mitre

© 2013 por Charmian Redwood
Primera impresión en inglés-2013
Primera imprenta española-2021

Todos los derechos reservados. Ninguna parte de este libro, en parte o en su totalidad, puede ser reproducida, transmitida o utilizada en cualquier forma o por cualquier medio, electrónico, fotográfico o mecánico, incluyendo fotocopias, grabaciones o por cualquier sistema de almacenamiento y recuperación de información sin permiso por escrito de Ozark Mountain Publishing, Inc. excepto por breves citas incorporadas en artículos literarios y reseñas.

Para obtener permiso, publicación por entregas, condensación, adaptaciones o nuestro catálogo de otras publicaciones, escriba a Ozark Mountain Publishing, Inc., P.O. Box 754, Huntsville, AR 72740, ATENCIÓN: Departamento de permisos.

Datos de publicación catalogados en la biblioteca del Congreso.
Redwood, Charmian, 1951 –
Regresando a casa en Lemuria, por Charmian Redwood
    Un relato de primera cuenta usando la hipnosis y regresión a vidas pasadas en Lemuria. Las vidas que hemos olvidado como Lemurianos. Co-creamos a través de la manifestación instantánea con nuestras mentes. Hemos regresado ahora para traer estas energías y ayudar a nuestra Madre Tierra.

1. Lemuria 2. Hipnosis 3. Regresión a vidas pasadas 4. Metafísica 5. Co-creación
I. Redwood, Charmian, 1951- II.Lemuria III.Metafísica IV.Hipnosis V. Título

Número de tarjeta de catálogo de la Biblioteca del Congreso: 2021939297
ISBN: 9781950608478

Traducido al español por: Laura Mitre
Portada y diseño: www.noir33.com
Libro ambientado en: Times New Roman
Diseño del libro: Tab Pillar
Publicado por:

PO Box 754 Huntsville, AR 72740
WWW.OZARKMT.COM
Impreso en los Estados Unidos de América

AGRADECIMIENTOS

Por su amor continuo y apoyo a mi manera extraña de ser, agradezco a mis hijos Jenny y Tim, cuyo nacimiento me inició en este camino de regreso a casa.

Muchas gracias a George por su generosidad y apoyo mientras ensamblé este libro.

También agradezco a todas las personas que amablemente me permitieron guiarles bajo hipnosis para recopilar la información aquí contenida. George Morgan, Aaman Degarth, Elizabeth Keller, Reagan Breen, Kaye Russell, Bahli Mans Morris, Elisha y Jane Stevenson.

También estoy muy agradecida a Heather Golding por el hermoso arte en la portada del libro. La figura en el centro representa el corazón y creatividad de Lemuria y los glifos que la rodean al exterior son los códigos de creación de la Fuente de energía eterna (mencionada en adelante como La Fuente). www.huulanaya.com.

¡Querida madre Maui, Gracias por llamarme de regreso a casa!

ÍNDICE

PRÓLOGO	i
CAPÍTULO 1: Conciencia Lemuriana	1
CAPÍTULO 2: Lemurianos de viaje a la Tierra	7
CAPÍTULO 3: Ciudades de cristal, templos y redes	11
CAPÍTULO 4: Manifestando nuestro mundo	21
CAPÍTULO 5: Construyendo edificios en Lemuria	27
CAPÍTULO 6: Tecnología	33
CAPÍTULO 7: Trabajo	37
CAPÍTULO 8: Unión sagrada	39
CAPÍTULO 9: Bebés/Niños	43
CAPÍTULO 10: Educación y desarrollo infantil	49
CAPÍTULO 11: Consejos y como se tomaban decisiones	55
CAPÍTULO 12: Jardines	57
CAPÍTULO 13: Curación	63
CAPÍTULO 14: Conexiones con otras civilizaciones	67
CAPÍTULO 15: Delfines	75
CAPÍTULO 16: Ballenas	79
CAPÍTULO 17: La Caída	83
CAPÍTULO 18: El Regreso	89
CAPÍTULO 19: Hawáii y las islas del pacifico	99
EPÍLOGO	103
SOBRE LA AUTORA	107

PRÓLOGO

REGRESO A CASA

Es marzo del 2006 y voy rumbo a Hawái por primera vez, un lugar que he estado soñando visitar y añorando conocer por más de 20 años. A medio océano pacifico exploto en llanto, porque sabía que iba de regreso a casa. No sabía a qué iba a regresar a casa, solo sabía que por primera vez en mi vida estaría en mi "hogar".

Bajando del avión en esta tierra sagrada, la suave y nutriente energía de las islas Hawaianas, y sabía que aquí era un lugar donde estaría a salvo siendo "yo", donde podría permitirme ser "quien soy". Parte de mí siempre tuvo que esconderse porque no me sentía a salvo.

En el segundo día de mi viaje entre a las aguas de Honaunau y conocí a mi familia delfín por primera vez. No solo había llegado a casa, sino que también aquí me esperaba mi familia.

Me dijeron "tienes que venir a vivir aquí".

Yo dije, "Está bien, pero necesitaré un milagro".

Tenía muy poco dinero, no casa que vender y no ahorros.

Esa misma tarde fui a un círculo chamánico de tambores, donde los delfines me llevaron a Sirio para mostrarme de dónde venimos. (Ese viaje está ahora en un CD de meditación en mi página de internet.) Mencioné al grupo lo que los delfines me dijeron, que me mudara allí y un ángel de vestimenta humana me ofreció cuidar de su casa por seis meses.

Y comenzó mi regreso a casa.

Regresé a Santa Fe, vendí todo y me mudé a Hawái el 6/6/06.

Una vez establecida en Hawái empecé mi trabajo de hipnoterapia, el cual yo llamo "hipnoterapia del alma" porque conlleva conectar a mis clientes con su alma divina y linaje espiritual. En todas las sesiones con clientes los recuerdos de Lemuria brotaban.

Mientras sus historias se desarrollaban y desenvolvían, era evidente que eran Lemurianos que volvieron. Era hora que ellos recordasen quienes Son, quienes Fueron, y son sus historias que te invito a conocer. Relájate y disfrútalas, ¿Quién sabe? Tal vez también son tus historias. Primero empezaré con una breve historia de los descubrimientos, remembranzas y recuerdos de Lemuria de estas personas.

Una breve reseña de la Lemuria antigua

Como antiguos Lemurianos, venimos a la tierra de diferentes sistemas estelares para traer la luz pura del amor. Decidimos venir a la tierra siendo predominantemente agua porque nuestros cuerpos eran más sutiles que físicos y era más fácil para nosotros entrar en un ambiente de agua que en tierra, así que empezamos nuestra aventura terrestre en los bellos océanos de la madre Tierra. Donde nuestros cuerpos sutiles pudieran conectarse más fácilmente con la Fuente. Vivíamos en plenitud y amor, siempre conectados con la Luz Dorada de la Fuente.

Con nuestros cuerpos sutiles, nos impulsábamos enfocándonos con intensión. No caminábamos con ataduras pesadas; nos conectábamos con la superficie de una manera suave, como flotando. Hoy, cuando caminamos, pisamos pesado en la tierra y nos conectamos con cada paso. En aquel entonces era más bien como deslizándonos en el terreno, en un movimiento fluido y continuo como si fuésemos parte de la superficie.

Toda la civilización de Lemuria evolucionó de un pequeño grupo de Seres que usaron sus mentes en un flujo de movimiento constante de formas para crear todo lo que necesitaban, lo que se transformaba continuamente de una forma a la otra. La forma evolucionó del polvo de la Tierra y la luz estelar del espacio. Se manifestaron de la nada en un proceso eternamente evolutivo hasta llegar a este tiempo y espacio en particular – un momento temporal, un momento en el tiempo.

Esto es lo que éramos como Lemurianos – Amor, Belleza, y Gracia. Nos apoyábamos en la esencia de nuestro Ser y Amor mientras caminábamos y trabajamos juntos. La luz estaba en todo lo que hacíamos. Era tan natural para nosotros como respirar. Respirábamos Amor. Lo respirábamos juntos. Nos juntábamos en nuestros círculos y respirábamos Amor y Luz convirtiéndola en forma. Creábamos belleza con cada una de nuestras inhalaciones. Todos estábamos conectados con la Fuente por una hilera dorada y vivíamos en paz y armonía con todos los seres y reinos en una comunicación telepática constante con todas las formas de vida.

Todo lo que hacíamos en Lemuria antes de la Caída era para el beneficio de todos. [La Caída fue una decisión que tomamos a nivel espiritual para desconectarnos de la Fuente y vivir en nuestra propia densidad. Para descender a una experiencia de ego y que nuestras almas pudieran evolucionar superando retos. Incluía vivir en cuerpos densos – una experiencia totalmente nueva para nosotros. Fue un proceso gradual en la que nuestros cuerpos se volvieron gradualmente densos, y nos olvidamos de quienes éramos. El capítulo 17 cuenta esta historia.] Antes que esto sucediera, cuidábamos e incluíamos a todos por igual. Nuestro único deseo era servir y asistir a otros en su servicio y satisfacer sus deseos. No había pensamientos de competencia, necesidad, o escasez. Creábamos todo lo que necesitábamos, y siempre había suficiente para todos.

En Lemuria, usábamos semillas de cristales para co-crear nuestro mundo. Con un cristal pequeño podíamos tener acceso a un portal donde las dimensiones se derretían, y las leyes físicas se doblaban y cambiaban. Podíamos hacer crecer un cristal a cualquier tamaño. Hasta cosechábamos merkabás, vehículos divinos de luz usados por los maestros ascendidos para conectarse y comunicarse con quienes estaban conectados con dimensiones más avanzadas. "Mer" significa Luz. "Ka" significa Espíritu. "Bá" significa Cuerpo, Mer-Ka-Bá significa el espíritu/cuerpo rodeado por campos de luz contra rotando, (ruedas entre ruedas), espirales de energía como en el ADN, el cual transporta el espíritu/cuerpo de una dimensión a la otra. El poder que esta incluye es infinito y contiene toda la conciencia del universo.

La energía de la fuente que provenía de los cristales generaba poder para manifestar lo físico, pero no funcionaba como lo que ahora tenemos en el siglo veintiuno. Era completamente silencioso y aun así muy poderoso. Usábamos los cristales para amplificar nuestro propio espíritu, intención, y lo que quisiéramos crear – cualquier cosa, hasta un edificio o una ciudad. Estos cristales eran capaces de acumular energías dispersadas a lo lejos en una unidad cohesiva, rayo o destello. Había generadores de cristal gigantes, tan grandes como edificios. Algunos tenían formas geométricas mientras que otros eran domos que cubrían edificios.

A todos se les recordaba constantemente cuanto se les amaba. La sociedad entera estaba basada en los principios de Amor. La gente estaba enfocada en hacer todo por el Mayor Bien de Todos. Sus propósitos individuales y propósitos colectivos eran el Amor.

En Lemuria cada persona tenía un trabajo y un enfoque. La sociedad era muy parecida a la de la Tierra hoy con áreas de actividad especializadas, pero todos trabajaban por el bien del todo. Había una red de entendimiento – casi como una red de tecnología – fundando las ciudades como una red invisible con líneas de luz conectando cada lugar con el todo. Era usado como una forma de comunicación entre lugares, de manera similar como hoy usamos teléfonos/móviles/iPhones; pero, lo que corría por las líneas de la red era Amor. Todos se comunicaban telepáticamente con todos los demás sobre sus propósitos o enfoques usando las líneas de la red de luz como láser, los cuales corrían por toda la ciudad. Las líneas de la red transportaban comunicación sobre la Verdad, Luz, Amor y como todos se apoyaban entre sí y se ayudaban entre si con sus tareas. Era verdaderamente una sensación de ser una familia, una comunidad, y un Amor.

Resurgen recuerdos Lemurianos

La vida en Lemuria era un matrimonio entre Dios y hombre, la conciencia física del cuerpo, de uno mismo, y la Dicha/Unicidad del ser sin separación entre la conciencia de Dios y uno mismo. Eso no es así ahora en la Tierra. Hoy necesitamos un lenguaje nuevo para hablar de este lugar de desinterés y por ahora solo se puede hablar en pedacitos. Es algo que la gente hoy no se puede ni imaginar.

Los recuerdos de Lemuria están ahora resurgiendo porque como sociedad nos hemos alejado mucho de lo que realmente importa. Necesitamos acordarnos de nuestra Unicidad – todos están conectados y cada uno tiene un papel intricado que jugar y un talento único que compartir. Todos podemos trabajar en armonía con cada uno agregando al todo. Cuando podemos crear Amor, podemos vivir Amor, paz, e integridad. Podemos ser creadores usando creación consciente con las energías masculina/femenina para regresar a la Integridad, al enfoque de Amor, aportando nuestros talentos y viviendo nuestro propósito espiritual. Se trata de ayudarnos los unos a los otros y cuidarnos los unos a los otros sin egoísmo por el mayor bien del todo. Se trata de conectarse y acordarnos de quienes somos – ¡Amor!

Algunas de las personas que compartieron sus historias de Lemuria notaron que al reflexionar en sus vidas ahora, pueden ver que siempre han vivido su vida al estilo de Lemuria. De niños, veían noticias de guerra o veían a gente haciendo sufrir a otros y se preguntaban a donde habían venido a vivir y quienes eran estas personas que lastimaban los unos a los otros. Algunos siempre han podido ver lo que otros necesitan y se lo han dado si han podido o ayudaban a otros a hacerlo posible porque su necesidad estaba allí. Otros de ellos siempre querían reunir a otros en comunidades para compartir proyectos al igual que para compartir alegría y Amor. Trataban a todos los niños como si fuesen de ellos, a todos los ancianos como a sus padres, y a todos los demás como si fuesen sus hermanas y hermanos, especialmente a los animales, plantas, y aves – Todos una familia, todos un Amor, Un Círculo de Amor, siempre amándose y apoyándose los unos a los otros. Sus amistades son igual. La gente les dice que deben preocuparse por sí mismos en lugar de preocuparse por todos los demás, pero cuando cuidan de otros, ¿acaso no también se están preocupando por sí mismos, ya que todos somos uno?

CAPÍTULO 1

CONCIENCIA LEMURIANA

Un sentido circular/esférico de unicidad

La vida en Lemuria era un matrimonio entre Dios y hombre, la conciencia física del cuerpo, de uno mismo, y la dicha de la unicidad del ser sin separación entre la conciencia de Dios y uno mismo. Eso no es así ahora en la Tierra. Hoy necesitamos un lenguaje nuevo para hablar de este lugar de desinterés y por ahora solo se puede hablar en pedacitos. Es algo que la gente hoy no se puede ni imaginar.

Todo lo que hacíamos en Lemuria era circular. Nuestros cuerpos sutiles de luz eran esferas de luz y trabajábamos en círculos dentro de círculos. Podíamos extender nuestras energías para estar siempre conectados a los demás en nuestro círculo. Éramos seres enormes para poder estar físicamente muy distantes, pero nos sentíamos muy cerca y juntos. Nos fusionamos unos con otros en nuestros cuerpos sutiles. Cada círculo emergía de nuestro núcleo y se conectaba con los demás en nuestro equipo. También, todo a nuestro alrededor vibraba con color y sonido. Sosteníamos la conciencia: Yo Soy Uno con todo, lo sé todo y puedo manifestar cualquier cosa.

El Ojo universal se une con el chacra corazón

Nuestros equipos se conectaban a través del tercer ojo y traíamos la energía hacia el corazón. Teníamos un dicho, "Veo el Ojo y el Ojo me ve a mí". El ojo ponía en nuestra conciencia el vasto conocimiento de que podíamos hacer todo y éramos todo. Nada estaba nunca en duda o se cuestionaba, todo era un "sí".

Ese era el propósito del Ojo - conectarse con el propósito de la Unicidad y enfocar nuestro propósito mutuo. Trabajábamos en nuestros círculos por el Ojo y al mismo tiempo el Ojo estaba allí porque lo estábamos anclando, cada uno de nosotros individualmente y todos juntos. Teníamos Unicidad consciente con el Ojo, podíamos distribuir nuestras habilidades a cualquier parte de nuestro cuerpo, estirábamos nuestros brazos y nos sentíamos conectados a todo el círculo. Cuando metíamos nuestros brazos, después usábamos nuestros ojos para ver dónde estaban los demás. Nos conectábamos al Ojo Universal a través de nuestro propio tercer ojo, nuestro ojo superior, y en el centro del círculo había un ojo que se conectaba. Nos acercábamos el uno al otro y usábamos esa conexión para manifestar todo lo que queríamos crear.

Nos conectábamos con el corazón con una intención que compartíamos con el ojo colectivo. De esta manera lo compartíamos con cada uno de nosotros. Eso se difundía y se establecía muy rápidamente y sabíamos que todos teníamos la misma intención. Veíamos la intención con el tercer ojo, lo traíamos a nuestros corazones y desde allí lo difundíamos a través de nuestros brazos, conectándonos entre sí. Usábamos sonido para ayudar en el proceso de manifestar la intención. Condensábamos nuestra respiración, respirando sonido por la boca y también para sintonizar el color apropiado por lo que estábamos manifestando.

Visualizábamos lo que queríamos crear y luego respirábamos en esa imagen. Sosteníamos la imagen en el centro del círculo al nivel del tercer ojo. Entre más respirábamos sonido de nuestras gargantas, más se densificaba la imagen, ganando densidad tangible, forma y figura. Usábamos líneas de energía para formar patrones, los cuales creaban la estructura básica, o matriz alrededor por la cual tejíamos la forma y figura.

Intensión enfocada

Nunca teníamos que pensar en "cómo" hacer nada. Solo lo hacíamos de corazón, enfocados con intención y alegría - tanta alegría y dicha. Estábamos en constante movimiento y vibración. En los primeros días de Lemuria éramos partículas de luz y energía en constante movimiento e intercambiando información entre nosotros. Manteníamos nuestro enfoque concentrado en la visión. Cuando sosteníamos la visión era reconfortante saber que no lo hacíamos nosotros solos. Siempre había un círculo de otros seres de Luz.

Había otros seres disponibles y sabían cómo anclar la energía con intención enfocada. Nos posicionábamos en nuestro círculo con otros y sosteníamos la imagen de lo que queríamos crear en el centro del círculo. Cuando era fácil y se anclaba, sabíamos que era la intención correcta porque el uso correcto era apoyado por cada parte de nosotros mismos. Lo que hoy día en la Tierra se llama ego, personalidad, o todos los diferentes fragmentos que tienen nombres, trabajaban juntos en alineación con el Todo. Ninguno de ellos era omitido o negado, porque cada aspecto de nuestro Ser contribuía con su propio color o frecuencia para ayudar con la intención enfocada. Antes de querer crear cualquier cosa, era muy importante recrear un sentido de Unicidad.

Todos en Lemuria estaban en un lugar de absoluta confianza y podían trabajar juntos fluidamente. Aunque estuviéramos en cuerpos separados, teníamos una conexión completa con el Espíritu y Dios y todo a nuestro alrededor. Todos estábamos completamente conectados en una asombrosa conciencia que Dios y la Divinidad estaba en todo ser. Nosotros radiábamos esa conciencia. Era como una geoda con cristales pequeños – cada cristal separado y aun así parte del todo. Era tan pacífico y aun así una energía y creatividad giratoria y dinámica. Había muchísima Luz.

Del chacra corona al chacra sacro

Con el tiempo aprendimos que era hora de mover las energías y frecuencias más allá de la corona, tercer ojo, y corazón. Así que nos unimos en nuestros círculos creativos y tejimos juntos la energía de nuestro chacra corona con la continuidad de la vida, un gran enfoque de nuestra creación. Habíamos aprendido a crear enfocándonos en nuestros chacras de tercer ojo y corazón. Era hora de ir más allá y conectarnos con los chacras más bajos del sistema energético – inicialmente con nuestras segundas chacras donde traíamos y sosteníamos la vibración más alta de energía – la de la creación. Así, para poder formar una creación armoniosa, cada miembro del circulo necesitaba estar alineado con sus chacras corona, corazón, y sacro. Entonces la creación se alineaba.

Cualquier cosa que quisiéramos crear juntos debía tener un aspecto masculino y femenino para poder mantener el equilibrio de la vida. De la manera en que ahora funcionamos con un cuerpo físico completamente activado, todo lo que creamos también tiene un cuerpo, pero antes en nuestros cuerpos de luz donde todo era uno, era diferente. Necesitábamos reconocer el aspecto mental y físico y su conexión vital con el propósito completo.

El gran reto – el chacra raíz

Fue entonces cuando vino nuestro reto más grande - traer esa vibración tan alta al chacra raíz. Ese fue un largo proceso de evolución; nos tomó eones de tiempo desarrollar esa habilidad. Nos sentíamos mucho más tranquilos cuando solo nos conectábamos con nuestros corazones, y éramos muy dichosos cuando nos conectamos a través del ojo y con la extensión de nosotros mismos. Se necesitaba conciencia, "densificación" difícil para traer la energía hasta el chacra raíz.

El sonido cambiaba cuando bajaba más por debajo del corazón. Se sentía rechinante y teníamos que acoplarnos a eso.

Otros capítulos revelarán más información sobre los círculos de creación, pero aprendamos un poco más de las regresiones sobre el viaje de los antiguos Lemurianos a nuestro planeta, Tierra.

CAPÍTULO 2

LEMURIANOS DE VIAJE A LA TIERRA

Como Lemurianos antiguos venimos por primera vez a la Tierra como Seres de Luz fluidos. Podíamos asumir cualquier forma y figura que quisiéramos. Todo en nuestra sociedad era creado de Luz líquida. Venimos de la Fuente como Luz dorada filtrada a través del Gran Sol Central donde creamos forma como Elohim o Señores de la Luz. La energía del Gran Sol Central se filtró nuevamente a través de los sistemas estelares. Como seres de Luz altamente evolucionados que viajamos a través de la luz, nos podíamos mover a través de dimensiones muy fácilmente, similar a como lo hacemos hoy en nuestra forma humana volando por el aire en aviones/planeadores/jets/cohetes, deslizadores, etc. Llevábamos nuestra conciencia a muchos sistemas estelares diferentes, incluyendo a Andrómeda, Arcturus, Pléyades, Alfa Centauri, Orión, y también Venus, recopilando habilidades y conocimiento de cada sistema para usarlo en la Tierra.

De Andrómeda aprendimos mucho sobre las tecnologías para crear energía del sonido y luz, y las frecuencias más altas de matemáticas y geometría sagrada que subyacen a todas las estructuras que creamos en Lemuria. Aprendimos a transportarnos a través del tiempo y el espacio mediante la construcción de naves ligeras.

En Arcturus aprendimos más sobre el uso del color y el sonido para curar y sobre el equilibrio energético. Hay muchas naves Arcturianas alrededor de la Tierra en este momento están monitoreando y balanceando constantemente las energías que están siendo interrumpidas por la inconsciencia humana.

En las Pléyades, también aprendimos más sobre las tecnologías usadas para combinar luz con cristales - cómo aprovechar y enfocar la luz y cómo usarla para manifestación y teletransportación.

En Sirio, el hogar del Templo de la Llama Eterna, La Luz de Cristo que contiene las frecuencias de la inmortalidad, aprendimos que la conciencia del Cristo Cósmico se estaba sembrando en la Tierra en ese momento y que continúa en el presente – y probablemente en el futuro. Muchos de nosotros vinimos directamente de Sirio a la Tierra con nuestros amigos, los delfines y ballenas.

En Alfa Centauri, encontramos una energía muy inocente y pura y aprendimos a dar forma al Amor Puro. Esta energía de la quinta dimensión y más arriba era muy difícil de mantener en nuestro descenso a la densidad de la tercera dimensión, pero todos tenemos los códigos para ella en nuestro ADN.

No se trataba de que algunos de nosotros fuéramos de las Pléyades y otros de Sirio. Todos habíamos estado en cada uno de los sistemas estelares en tiempos diferentes, y algunos de nosotros tenemos una mayor afinidad con un sistema que con otro. Viajamos por todos los sistemas en nuestra galaxia en el camino del Gran Sol Central a la Madre Tierra. Estábamos recopilando todo el conocimiento que necesitaríamos para nuestro experimento en la vida terrenal. Ese conocimiento está codificado en nuestro ADN y está disponible para nosotros ahora una vez que nuestros códigos de luz hayan sido activados.

Algunos de nosotros venimos por medio de la estrella en medio del cinturón de Orión. Es un portal a otro universo que vibra a una frecuencia más alta que la Tierra. La apertura del portal comienza con la luz blanca azul de la quinta dimensión donde todo es Unicidad.

Al principio éramos Seres de Luz Blanca Pura. Adoptamos los colores y frecuencias de los múltiples planos dimensionales y frecuencias por las que viajamos. Todos esos recuerdos han estado latentes en nuestro ADN y están esperando ser activados.

Nuestro punto de entrada a este sistema solar era a través del portal de luz cristalina geométrica de Venus. Este era un punto de aterrizaje para todos los diferentes grupos, incluidos los cetáceos, para congregarse de todos los demás sistemas estelares. Pasamos mucho tiempo en las vibraciones de amor de Venus donde trabajamos con nuestro cuerpo etérico en muchos de los Templos de Amor. Muchos de nosotros no nos hemos percatado de que seguimos trabajando en los Templos dimensionales de Venus en nuestros cuerpos astrales mientras soñamos.

En Venus, reunimos todo el conocimiento que habíamos aprendido de otros sistemas estelares y lo armonizamos con Amor puro, la vibración de Venus. Las ballenas nos ayudaron a hacer esto y están esperándonos ahora para ayudarnos a recordar que somos Amor.

Una pulsación galáctica

Muy al principio, éramos una pulsación galáctica, un punto de poder galáctico. En grupos usábamos técnicas creativas combinando colores, forma y belleza. El punto de poder galáctico creaba un cuerpo físico alrededor de este. Creaba todo, incluyendo su propia fisicalidad. Fue una elección del alma traer la Luz a la tercera dimensión.

Trajimos la Luz a lo físico y ahora estamos devolviendo lo físico a la Luz. Esta fue nuestra elección para el crecimiento de nuestra alma. Conocíamos la Luz, pero no sabíamos si la podríamos traer a la densidad y aún ser Luz, así que viajamos a través de los sistemas estelares acumulando gran conocimiento en nuestro viaje camino a la Tierra.

CAPÍTULO 3

CIUDADES DE CRISTAL, TEMPLOS Y REDES

Tal y como lo mencionamos anteriormente, primero llegamos a la Tierra como Seres de Luz y trabajamos con la luz para crear. El planeta Tierra era principalmente agua en ese entonces. Así que bajamos a los océanos, ya que así era más fácil para nosotros comenzar el experimento y tomar forma en densidad. Al principio, nuestros cuerpos eran muy fluidos -- estaban hechos de luz líquida. Construimos ciudades de cristal con nuestras mentes y las tejimos con tela de luz, ya que es la esencia que llevamos dentro. Vivíamos en armonía, amor y balance por eones de tiempo. Con nuestra respiración hacíamos que las ciudades tomaran forma conjunta y cantaban. Cantaban la canción del corazón que llevamos dentro. Cada uno de nosotros tenía nuestra propia nota, el canto de nuestro corazón; el cristal amplificaba ese sonido y lo tejía en su forma.

El Gran Templo

Ahora agreguemos a lo anterior información del Gran Templo y el trabajo que hacíamos allí. Las ciudades de cristal tenían siete niveles. En el nivel y frecuencia más altos estaba el Gran Templo, el lugar más sagrado de la ciudad. Ubicado bajo un techo abovedado de cristal transparente desde el cual un chapitel alto de cristal apuntaba directamente a los cielos. Había una gran entrada al templo con pilares de cristal y muchos escalones. Puertas enormes de 20 pies de altura que abrían hacia afuera. Adentro había pisos de mármol, un techo de cúpula, y mucha luz que entraba por allí. La forma exterior del Gran Templo se adaptaba con el pensamiento a cualquier forma que fuera requerida para algún propósito en particular.

Diferentes grupos venían y creaban lo que su segmento necesitara. El templo también podía cambiar de forma internamente mientras se mantenía igual por fuera – siempre con nuestra cooperación consciente con el edificio. El templo estaba lleno de todo tipo de luz que deseáramos, como muchas velas para un efecto sutil o para una luz solar brillante, luz cálida, o células/paneles de luz – todo era parte de nuestra tecnología avanzada.

A veces, cuando el alto chapitel central de cristal del Gran Templo se alineaba con el Gran Sol Central y los muchos sistemas estelares, los equipos del templo que consistían en maestros de redes recibían las energías y las transmitían en la red de energía de las ciudades para ser accedidos por otros elementos de nuestra sociedad. La energía salía de la fuente como Luz Pura. Al bajar más y acercarse a niveles más densos, sus códigos y glifos se volvían más visibles. Estaban en lenguaje de Luz, eones de edad tan antiguos como la historia misma. Los maestros de la red recibían la información como figuras/geometría, imágenes/visiones/glifos, y/o sonidos. Cada maestro de la red recibía un aspecto, y el equipo ensamblaba todas las partes en el centro del circulo. Este era un proceso constante para que cada aspecto de la vida recibiese planos de construcción nuevos para su mejoramiento continuo. Esto es similar al proceso que hoy se usa para actualizar programas de cómputo.

Para hacer nuestro trabajo, nos parábamos en la red en forma de estrella en el piso del Templo; la estrella tenía tantos puntos como la cantidad de miembros del equipo. Algunos eran equipos de doce que estaban sobre una estrella de doce puntas; algunos tenían nueve de pie en una estrella de nueve puntas, etc., dependiendo de la naturaleza del trabajo y la energía que estaba entrando. Estas estrellas eran el punto focal de la red, que luego se distribuían hacia todos los demás niveles de la ciudad. Luego programábamos los nuevos códigos en las redes.

Cada miembro del equipo ponía la información en la grilla de la estrella tal como la iba recibiendo, y la estrella se interconectaba con todas las otras estructuras de la ciudad.

La red principal subyacente a la ciudad entera era Integridad y Amor. Esta era la red básica, que aseguraba que cada aspecto de la vida estuviera en armonía con el todo. Además, cada edificio tenía su propia geometría sagrada y recibían la energía del todo – la vibración de Amor. Todo y todos estaban conectados con el todo. Por medio de la red principal del Todo y de Amor, como una matriz unificadora. Los maestros de las redes transmitían la información dentro de las grillas, lo cual mantenía y apoyaba a la ciudad y todas las actividades en ella y la mandaba a otros equipos de los templos de la ciudad.

Aspectos de los círculos periféricos del templo

Cuando otros seres en otras ciudades se reunían en sus templos en círculos de co-creación, cada circulo bajaba información de las grillas que era especifica de sus áreas de especialidad. Cada equipo tenía su propio código de ADN para activar una frecuencia, y cada área, como jardinería, tecnología, curación, arquitectura, etc. Estos equipos eran adeptos en bajar y extraer códigos para generar nuevas maneras de trabajar en sus áreas de especialidad. Los equipos recibían los códigos nuevos y los pasaban a los otros en su área para crear lo que se había mandado. Por ejemplo, podían crear un proceso nuevo para hacer crecer plantas o una manera nueva de usar los cristales para crear energía. Así, múltiples equipos estaban involucrados en los aspectos diferentes de cada código sin que ningún equipo tuviera el código entero.

Cuando extraían los códigos de sus áreas específicas, un individuo podía recibir más de un aspecto del plano que llegaba: sonido, visual, y/o geometría.

Por ejemplo, alguien podía recibir el código de sonido y el código visual mientras alguien más podría recibir códigos de geometría y sonido. Algunas de las descargas eran bajadas por equipos de mujeres únicamente, así que también era posible para una mujer ser parte de un equipo que estaba formado de mujeres únicamente. También había equipos que eran masculinos únicamente, quienes trabajaban con bajar aspectos que incluían mayor energía masculina. Por ejemplo, un equipo que era solo de hombres podría trabajar con arquitectura y un equipo de solo mujeres podría bajar información sobre partos.

Otra manera en que los equipos del templo podrían tener acceso a los códigos era en aspecto de capas, lo cual requería que diferentes seres en los círculos tuvieran acceso a las diferentes capas de información. La cantidad de seres adquiriendo cada área dependía de la complejidad del plano. Era como una matriz multi capas con geometrías que se acumulaban una con otra que se podía separar en capas diferentes; por ejemplo, una persona podía recibir el código de sonido para la capa 1, y otra persona podría recibir aspectos de la capa 2, mientras alguien más podría recibir el aspecto visual de la capa 1, etc.

Algunos de los planos más complejos requerían equipos de doce – usualmente seis femeninos y seis masculinos, pero no siempre ya que también había equipos únicamente femenino y únicamente masculino de los que hablamos antes. También eran posible otras combinaciones, algunos planos simples podrían requerir solo tres. Si nos posicionábamos en equipos de doce y dibujábamos diferentes patrones creábamos figuras geométricas, por ejemplo, si nos conectábamos con la persona opuesta o junto a nosotros, o una tercera persona alrededor del circulo, formábamos un triángulo. La forma de las líneas dependía de la naturaleza de la creación. Los que estaban opuestos uno a otro o en la punta de este triangulo de la estrella tenían energías complementarias y se equilibraban la una a la otra.

Independientemente de los aspectos del equipo todos se conectaban con el centro del circulo, ya que allí es donde todo se juntaba en unicidad para ser dispersado por todas las redes.

Y también así era que los seres podían participar en más de un equipo. Un individuo podía ser parte del equipo sanador, un equipo único de mujeres, o único de hombres, y el equipo del Gran Templo de los maestros de grillas (redes). Es esencial entender que todos actuaban como una unidad independiente en muchos niveles.

Información nueva y activación para el próximo nivel de conciencia llegaban cuando era hora de ser accedidos por otros, así los códigos nuevos eran transmutados a través de la ciudad, y los seres los absorbían directamente en los campos de energía. Todos tenemos los planos como parte de nosotros mismos y nacimos con la matriz de la Integridad. Cuando sea la hora indicada, se podrá tener acceso al archivo que guarda todos los patrones de la creación y transmitir ciertas fracciones del conocimiento. Había maestros en todos los campos diferentes que fueron iniciados para transmitir partes especificas a los demás.

La nueva energía agregó otra frecuencia y dimensión de energía a las grillas. Ya que las grillas eran la matriz que sostenía todo y las diseminadoras de las energías. Su mantenimiento era esencial. Había seres específicos devotos a esto etéricamente, ajustando, agregando, y borrando según fuera necesario. El trabajo físico no se necesitaba porque todo era tan vital y ligero que todo cooperaba conjuntamente en coordinación divina.

La creación de cuerpos de Luz

Primero, llegamos a través del chapitel alto de cristal como nuestros colores. Al principio éramos cuerpos de Luz, no cuerpos físicos. La forma para descargar más imágenes de cuerpos de luz estaba esperando ser creada y estaba en la antena; para que más imágenes de cuerpos de Luz se pudieran crear, una energía dando vueltas en espiral bajaba por la antena bajo la cúpula del Gran Templo. La energía era un hermoso remolino de color que giraba, radiando colores increíbles. Nuestros cuerpos eran como esferas de Luz: azul, rosa, violeta, lavanda, magenta u oro. Debajo de la cúpula la antena activaba el cuerpo de luz. Nuestros cuerpos de luz se alimentaban de la Fuente a través de la antena. Los equipos del Templo eran todos esferas de luz arremolinándose, solo existiendo. Nos conectábamos entre nosotros en nuestra conciencia y podíamos entretejernos mutuamente, compartiendo nuestros colores.

Éramos tanto parte del todo que la conciencia de todos se compaginaba con la de todos los demás y nunca estábamos solos. Todos nos entretejíamos por dentro y fuera de cada uno de nosotros e intercambiábamos puro Amor. Nos alimentábamos mutuamente y luego pasábamos al siguiente. Verde pálido, dorado, rosa, lavanda, violeta y azul, cada uno daba su color al otro en un armonioso bello baile.

Mientras el Gran Templo se encontraba en el nivel más alto de frecuencia en las ciudades de cristal, el nivel más bajo estaba bajo del agua y había muchos canales que llegaban del océano a una alberca hermosa de agua de color azul agua. Los delfines y las ballenas nadaban dentro y fuera, y también nosotros cuando adoptábamos formas de delfín. Nuestros cuerpos eran de luz líquida, así que era fácil convertirse en cualquier forma que quisiéramos.

Con el tiempo, la ciudad fue tomando más forma gradualmente. La energía que salía de los colores y esferas generaron un cuerpo más definido con manos y rasgos.

La energía de los delfines ayudaba. Corrientes de luz descendían por el chapitel lleno de glifos que contenían el proyecto original (o plano). Podíamos seleccionar el plano que quisiéramos y luego enfocar nuestra intención en ello. Nuestra forma se hizo más triangular con una cabeza y cuerpo más definidos. Seleccionamos el plano y lo convertimos en forma sosteniéndolo en los colores que éramos. Usabamos nuestros colores para crear forma. Cada miembro del equipo aportaba su propio color y juntos creábamos una forma.

De seres de mar a delfines

En la siguiente fase ya éramos de una forma más densa. Pasamos de nuestros cuerpos de luz en la ciudad de cristal a los océanos como gente de mar. Creamos ciudades bajo el océano con arcos, columnas y cúpulas que parecían mármol blanco. Había muchas plantas en nuestras ciudades y sus alrededores, todo era muy fluido bajo el agua, todo en movimiento. Las estructuras no eran sólidas, la gente del mar era más como un esperma y un óvulo, con energías masculinas y femeninas entrelazadas, creando estructuras fluidas que se imprimían en forma con la intención; fueron creados por el masculino y femenino girando juntos en espiral, la energía masculina naranja/dorado y la energía rosada/púrpura femenina. La gente del Mar tenía colas como los peces, pero eran más translúcidas, etéreas. Trabajaban con los delfines visualizando la ciudad juntos: una ciudad con cúpula y columnas. Podrían cambiar de forma de un lado a otro entre los delfines y gente de Mar. Creaban juntos en un baile, apareamiento, espiral, visualizando el flujo.

Después de ese tiempo, la gente de Mar se convirtió en delfines buscando la orilla. Primero hubo una ciudad de cristal hecha de Luz; después la ciudad submarina, y luego la tierra surgió de debajo del océano.

Los delfines emergieron del agua y crearon un cuerpo humano. Nuestros cuerpos eran de luz liquida, así que tomar cualquier forma era fácil. Primero tenía manos y pies con cabeza de delfín porque era el tercer ojo del delfín que estaba creando todo esto desde su cerebro galáctico.

Creamos las primeras ciudades en tierra mediante intención enfocada a través del tercer ojo. Había muchas plantas, mitad agua y mitad tierra. Estábamos por encima del agua, pero las plantas eran más como plantas bajo el agua. -- Entre lo que son ahora la vida marina y la vida vegetal.

Adquiriendo forma física

Las hebras de ADN liberaban continuamente códigos de luz para cada una de las siguientes etapas de evolución. De aquí pasamos a la siguiente etapa que era en forma humana. Con eso vinieron más estructuras físicas, todo parte de la evolución y vida emergente.

Teníamos manos humanas, tacto y la capacidad de sentir las caras de los demás. Todo cambió totalmente, ya no era tanto la creación con el tercer ojo ahora era con manos humanas, una experiencia totalmente diferente. Fue entonces cuando comenzamos a construir usando nuestras manos. Perdimos algo de la belleza, la maravilla. Tocar cambió las cosas, en lugar de solo ser y crear a través del pensamiento y visualización, ahora creábamos usando nuestras manos con material en lugar de energía sin materia. Ahora teníamos mortalidad, teníamos muerte. En esta forma densa éramos físicos, pero en los lugares antes del nacimiento y después de la muerte todavía estábamos en el plano etéreo donde nos movíamos y creábamos con pensamiento e intención.

Al principio solo estábamos en las ciudades de cristal en el fondo del océano porque no había mucha tierra. Mas tarde la tierra subió de debajo del océano, entonces construimos ciudades en tierra. Después pusimos la energía de las grillas en las líneas ley que crearon la red de conexión en toda la Tierra. Esos puntos por toda la tierra se convirtieron en receptores y transmisores para que la grilla de Integridad envolviera toda la Tierra y mantuviera todo en balance y armonía. Cuando la tierra subió del agua, decidimos adoptar cuerpos densos para poder caminar en la tierra. Usamos el plano etéreo de la ciudad de cristal para construir la ciudad física en la tierra. Luego usamos nuestras mentes para crear ciudades y templos en esas ciudades de mármol y piedra.

El Templo como lugar para reconectarse con la Fuente

Al igual que como en las ciudades de cristal, ahora en tierra, veníamos al templo regularmente para reconectarnos con la Fuente. Veníamos de todos los diferentes niveles, especialmente si habíamos viajado fuera de la ciudad. Se traían a los niños para que recordaran quienes eran. Al igual que antes, el Templo era de la más alta frecuencia que el resto de la ciudad, todos tenían que ir regularmente para poder mantener su frecuencia. Todos nos alimentábamos de la conexión a la red y nuestros grupos espirituales (grupo o familia espiritual con la que venimos). No había tanto sentimiento de individualidad como el que existe ahora en el planeta Tierra. Nunca había un sentimiento de separación y tener que hacerlo todo solos. Había muchos niveles de apoyo. Teníamos nuestra comunidad que era nuestra vaina y el grupo con el que trabajábamos. Y también había una comunidad más grande que incluía a todos.

El papel del agua en el Templo

Había una fuente debajo de la cúpula en medio del Templo y el agua corría por debajo del suelo. Así que nosotros estábamos parados sobre el agua mientras trabajábamos en nuestros equipos circulares. Cuando el color en el templo cambiaba, el color del agua también cambiaba. El agua salía al océano donde cambiaba la frecuencia del planeta. Si el Templo era un corazón, entonces el agua que fluía por debajo eran las arterias que recolectaba la energía de lo que estábamos haciendo, así que podría salir y alimentar las aguas del planeta.

Estábamos en sintonía con todo lo que sucedía alrededor del planeta. Cuando veíamos cosas que necesitaban transmutarse trabajábamos en eso en el Templo, luego entonces el agua repartía la frecuencia necesaria para restaurar armonía y balance. Eso cambiaba todo, aun si lo que necesitábamos influenciar tenía que ver con la tierra, también el agua se podía evaporar al cielo y llover en esa tierra.

El agua también llevaba la frecuencia de las formas geométricas que podían ser invocadas por cualquier trabajo que estuviéramos haciendo. La combinación del agua y las propiedades alquímicas dentro de su conciencia traía la frecuencia de la forma geométrica con ella; entonces llovía y el agua llegaba a donde fuera necesario que se hiciera el trabajo.

Afuera del Templo, el agua corría por debajo de las calles, -- agua limpia y clara. Había canales y jardines por todas partes. Las vías fluviales tenían una cubierta para que pudiéramos caminar sobre ellas, pero si queríamos tocar el agua, simplemente pasábamos la mano a través de la cubierta. Era protección para el agua, pero al mismo tiempo podíamos tener acceso a ella.

Todo era tan colorido y tan hermoso. Había agua por todas partes; las vías fluviales estaban en patrones geométricos como la flor espiral, el centro de un crisantemo. Había patrones en espiral por toda la ciudad.

El agua transportaba fuerza vital a través de la ciudad para alimentar a todos. Llevaba la frecuencia del amor de todos para todos los demás; era una simbiosis de tierra, agua, personas y plantas. Vivir en este paradigma armonioso era tan hermoso. Cada forma de vida se alimentaba, y retroalimentaba la una a la otra. Las plantas se ponían en una forma que les permitía transformarse en otra cosa. No había basureros para la basura, no teníamos ningún lugar donde tirar cosas. Cuando terminábamos con algo, tomaba una nueva forma.

El desafío para nosotros ahora es traer ese recuerdo a nuestros cuerpos físicos y utilizar más la capacidad del cerebro/tercer ojo. Desde que nos movimos a los chacras inferiores después de la caída, solo usamos un pequeño porcentaje de nuestro cerebro y el resto se ha atrofiado. Todavía lo tenemos como potencial, pero ahora nos hemos vuelto tan pesados que lo ponemos en lo físico en lugar de poder utilizar la capacidad que tenemos. Esta era de Acuario es para que seamos más creativos en el ámbito mental del cerebro derecho. A medida que reconectemos nuestras hebras de ADN, tendremos nuevamente la parte creativa del cerebro.

CAPÍTULO 4

MANIFESTANDO NUESTRO MUNDO

Como señalamos anteriormente, creamos las ciudades y edificios en Lemuria con cristales y piedras. En este capítulo, agregaremos a la información compartida anteriormente sobre el Gran Templo. Los cristales en Lemuria eran gigantescos, del tamaño de casas y perfectamente claros y lisos como si hubieran sido cortados con una sierra de diamante.

Todos los habitantes estaban en un lugar de perfecta confianza con el Gran Templo como fuente de toda la energía de la ciudad. En el centro del Gran Templo había un cristal masivo que era el lugar de transmutación. Era de esta dimensión y, sin embargo, no de esta dimensión, -- un portal que estaba aquí y no aquí, una puerta al universo, -- su inmensidad y su poder. Aquí era donde la materia y la energía se encontraban y se mezclaban.

El Gran Templo actuaba como un amplificador que irradiaba energía por todas partes. Atravesaba las vías fluviales y luego los océanos y a todas las personas de la ciudad que le agregaban su vibración. Aquellos que vivían alrededor de la ciudad amplificaban la energía porque estaban tan empapados por la luz que los rodeaba, por lo que toda la ciudad y el campo estaban inundados de esta energía de dicha. Para todos los que vivían en la ciudad, era como vivir en el cielo y compartían esa energía con el planeta. Todos allí eran como un sacerdote o una sacerdotisa, -- tan elevado y claro con esa energía de alta frecuencia.

Todos los seres que trabajaban en el Gran Templo tuvieron que aferrarse a un sentido de sí mismos porque era muy fácil ser arrastrados hacia la inmensidad y literalmente desaparecer porque el vórtice era muy expansivo.

Era difícil estar en ese enorme poder. Había otros seres de otras dimensiones allí ayudándonos. Estábamos justo en las orillas, en las esquinas, sosteniendo el espacio, cada uno totalmente enfocado. Se necesitaba una inmensa concentración para mantener este equilibrio entre soltar y traer las energías. Éramos como guías para esa fuente de energía. Si en un momento no estuviéramos enfocados, podríamos ser arrastrados como en un viento. Era realmente intenso, increíblemente intenso. Era donde la materia, la energía y todas las leyes físicas se fusionaban en esta otra onda, -- como estar en el centro del universo. Asimismo, los sacerdotes y sacerdotisas tenían que mantener su enfoque para llevar la energía a esta dimensión y dirigirla a otras.

Mientras estábamos allí enfocados, veíamos una luz extraña, como ultravioleta con otros colores dentro que provenía de la obscuridad de la nada, en el centro que era la inmensidad del vacío. A este vacío llegaba la luz blanca y del blanco, se fundía con los otros colores del espectro al entrar en el centro del templo. La escoltábamos y manteníamos en equilibrio. Éramos como el puente entre unos y otros y otras dimensiones. Todos estábamos conectados con Dios y teníamos esta perfecta confianza y poder para crear. Éramos el puente hacia la inmensidad. Nos parábamos como centinelas alrededor del centro cerca de las paredes, y esta poderosa energía venía a través de nosotros. Estábamos a medio camino entre ser humanos y ser Dios en esta inmensidad, -- a mitad de camino, pero justo en la orilla. Era como estar en un agujero negro en el que no eres absorbido, sino justo en el borde donde, si vas más lejos, serás absorbido y vaporizado / destruido.

Cuando trabajábamos en el Gran Templo, nosotros, este equipo de doce seres parados sobre una estrella de doce puntas, no podíamos tener ego. Estábamos en el borde, sosteniendo esta increíble energía; Era casi demasiado.

Mantuvimos la cúpula en su lugar; extrajimos la energía a través de nosotros mismos, lo que requería una profunda concentración. La manteníamos justo al borde de introducirlo y dejarlo salir, entre la inspiración y la espiración, y todos los cielos se movían a su lugar, las estrellas y los planetas. Había un momento en que lo extraíamos y lo soltábamos, y fluía hacia las redes. Bajaba a través de nuestros cuerpos a la Tierra en el plano vertical y en el plano horizontal a una red de luz que iba desde el Templo a todo el mundo.

Era particularmente poderoso en la ciudad, pero se transmitía a todas partes y no había fronteras. Este era un lugar más allá de los límites físicos. Las energías se transmitían a los demás en el resto del mundo en completa unidad; -- todos eran parte de esta cultura, no solo los del Gran Templo. Era la fuente de energía. éramos los conductores; manipulábamos el poder puro más allá de esta dimensión donde las leyes físicas se fusionaban y mezclaban en otras formas.

Verdaderamente está más allá de la capacidad del hombre y de nuestra conciencia actual comprender el enorme poder de esto, traer eso a la conciencia humana y transmitirlo para que pueda ser recibido por otros. Levantaba la conciencia de todos, ¡tan maravilloso! Hacía a cada Ser en el templo como un súper ser, como maestros ascendidos, pudiendo transmitir materia y crear desde la nada simplemente concentrándose, creando la intención y luego manifestándola en absoluta perfección. Lo traíamos, lo sosteníamos, lo estabilizábamos y lo poníamos en la red, luego se nos permitía descansar mientras otros entraban a reemplazarnos.

Es difícil para nosotros ahora conceptualizar cómo era allí, solo porque esos Seres estaban absolutamente conectados de manera tan completa a la conciencia de Dios, a la Unidad de todo.

La creación de estas formas físicas traía una sensación de Bienaventuranza, Unidad, Amor y conexión con todos los demás. Las formas surgían de un lugar donde no había pasado, presente o futuro,

-- solo Uno. Traíamos lo que será a lo que es. Todo lo que será y Todo lo que Es y Todo lo que fue están en este lugar simultáneamente. Traíamos lo Divino en todas sus dimensiones.

Traíamos la perfección que incluía la capacidad de estar en espíritu y en unión con la inmensidad y al mismo tiempo tener esta inteligencia, que no era un pensamiento separado o individual. Era como convertirse en Luz, una unión muy pacífica pero extática, dicha. Esta era la energía pura que tomábamos y creábamos. Había otros como nosotros parados/posicionados en otros sitios especiales en todo el mundo, recibiéndolo y transmitiéndolo.

Las mujeres dibujaban el aspecto femenino de los códigos en el plano, que coincidía perfectamente con los aspectos masculinos de los códigos. Corrientes de códigos fluían a través de los coparticipes de polaridad, que coincidían con los códigos que traía su contraparte. La fusión de los dos coparticipes encendía estos códigos. Esta energía salía del par y se transmitía a todos los Trabajadores de la Luz a lo largo de la red.

La gente iba y venía de los templos a los puntos de energía en toda la Tierra. Llegaban, recibían los códigos, descargaban la información de los códigos y luego devolvían la energía a la red ellos mismos. Así se convertían en emisarios de Luz mientras caminaban sobre la Tierra. Pequeños filamentos de Luz los conectaban a la red mientras deambulaban para que todos estuvieran conectados a la energía. Algunos estaban conectados con múltiples puntos, -- otros con un solo punto. Todos los que caminaban sobre la Tierra en ese momento estaban conectados a esta energía, el camino de regreso a la Fuente.

Nos alimentábamos el uno al otro. Éramos Amor puro, y nuestra esencia se transmitía a través de los rayos de luz que proyectábamos a la red, manteniéndola con nuestra luz. Entraban ráfagas de códigos mientras estábamos bajo el rayo. Nos parábamos tocándonos con las palmas de nuestras manos, creando una energía intensa. Todos estos códigos se almacenaron en nuestro ADN y ahora están esperando ser activados. Masculino y femenino se unían, integrando y fusionando su ADN. La mujer tenía los códigos para el aspecto femenino de la creación, y el hombre tenía los códigos para el aspecto masculino de la creación. Los uníamos fusionando la hélice espiral del ADN y descargando esta energía en las grillas. Cuando otros entraban para hacerse cargo, les pasábamos el flujo. Entraban en nosotros y salíamos de ellos para mantener el flujo continuo. Siempre tenía que haber alguien en el flujo para retener la energía, pero también llevábamos esa energía con nosotros mientras viajábamos.

Ahora debemos traer esta energía aquí al plano de la Tierra para anclarla en el corazón cristalino de Gaia y en las redes de la Tierra. Podemos retroceder en el tiempo para obtener los códigos y avanzar para traerlos aquí ahora. Los códigos alumbran la red de cristal de Gaia. El equipo en el templo sostiene el rayo y nos alimenta de el para traerlo aquí ahora. El rayo de energía galáctica de la Fuente desciende al centro de la Tierra y explota en la luz de las estrellas mientras Gaia lo da a luz en su cuerpo estelar ahora. Conectamos la energía de la Fuente a través del equipo del templo a medida que fluyen sus corazones hacia nosotros, y fluimos esa energía a la red, en nuestro tiempo presente. Estamos en la Tierra ahora tal como lo hicimos en el templo Lemuriano, sosteniendo la energía justo en la orilla. Es tan poderoso. Como antes, lo mantenemos en el punto de equilibrio entre traerlo y soltarlo mientras se adentra en las redes.

CAPÍTULO 5

CONSTRUYENDO EDIFICIOS EN LEMURIA

Los Lemurianos que podían ingresar a los archivos y descargar la matriz para la estructura coordinaban la creación de un edificio. Eran iniciados para traer la matriz porque eran puestos a prueba en su capacidad para recibir sin distorsión, por lo que podían obtener un plano perfecto para el edificio. Luego transmitirían partes del plano a las personas que lo iban a hacer.

Había personas que se encargaban de construir los aspectos físicos y quienes trabajaban con las cualidades energéticas de la creación de un edificio. Existían plantillas específicas para cada uno. El que descargaba la información del plano transmitía esta información por separado a cada uno de los otros miembros del equipo de construcción.

La frecuencia, la forma, el color de un edificio tenían que estar alineado con el concepto de Totalidad de ese edificio, ya que el edificio tenía conciencia. De lo contrario, el edificio sería una combinación de esfuerzos individuales. Aunque las personas tenían diferentes funciones dentro de él, el concepto de Totalidad era el principio unificador.

Se incluía una ceremonia o por lo menos un momento consciente en el proceso de construcción para mantener todos los pensamientos, acciones e intenciones alineados con el concepto de Totalidad de ese edificio. Todos monitoreaban su propio aporte para asegurarse de mantenerse alineados con esa Totalidad. También había personas que monitoreaban el edificio para asegurarse de que estuviera en el concepto de la Plenitud de la ciudad.

Eran los observadores de las conexiones más enérgicas, de modo que cada faceta de lo que se estaba manifestando sería un reflejo de la Totalidad que venía a través de los códigos.

Además, se formaba un equipo de templo para la creación particular que se iba a manifestar. Se paraban sobre una forma geométrica, que tenía la misma cantidad de puntos que el equipo. Cada proyecto tenía una geometría específica, y al entrar en esa geometría, permanecerían en contacto con la Totalidad para su creación específica. El equipo podía ser de 3, 6, 7, 8, 9 o 12 miembros, dependiendo de lo que se estuviera creando. Se colocarían en sus lugares en la geometría, como las puntas de una estrella o los lados de un hexágono u octágono.

Diferentes formas geométricas emitían diferentes frecuencias, por lo que su uso dependía del propósito del edificio. Podría haber varios edificios de la misma forma si había mucho trabajo por hacer en ese aspecto. Las habitaciones tendrían una forma determinada, pero con el tiempo, cuando esa parte del trabajo en esos edificios estuviera completa y ya no se necesitaba la energía, el edificio se transformaría en una forma diferente. El edificio recogía toda la energía que lo rodeaba y cambiaba de forma para adaptarse a la frecuencia que emitía la ciudad. Si estábamos trabajando en un aspecto en particular, nos concentrábamos en la siguiente forma y el edificio se transformaría en ella. Los edificios se adaptaban constantemente a lo que se necesitaba en ese momento. Todas las estructuras eran como entidades vivientes que el agua mantenía unida y ayudaba a cambiar a la nueva forma. La estructura siempre era fluida, siempre en un estado de preparación para convertirse en lo que fuese necesario después.

El equipo usaba sonido, intención y visualización. Todos enfocados a través del tercer ojo, y lo que fuera en lo que se estuvieran enfocando realmente se manifestaba en el centro del diseño. En esencia, el material de construcción era el mismo para todo: -- luz líquida en todas sus variedades, incluidos cristales/cristalizados. Llegaba como luz, que se enfocaba y densificaba en forma. Los edificios tenían una calidad translúcida porque estaban hechos de luz líquida. Tenían suavidad e irradiaban luz. Podíamos construir estructuras enormes como las pirámides cantando al material para que se volviera suave y pudiera moldearse. Algunas personas eran expertas en tonificar edificios y estructuras para que se crearan.

El plano del edificio estaba relacionado con el propósito del edificio. Siempre existía la grilla de Totalidad subyacente a las redes para el propósito o las cualidades específicas del edificio. Un edificio tendría su propia grilla específica relacionada con su propósito, como la curación, pero esa grilla estaría en la parte superior de la red de Totalidad.

La construcción se hacía cuando las energías estaban muy claras. Era un proceso cocreativo con la conciencia de luz líquida y el equipo, haciendo crecer orgánicamente un edificio. Lo dirigíamos y construíamos con nuestras mentes moldeando la estructura cristalina y sosteniendo la conciencia mientras trabajábamos en rotación porque era necesario que hubiera alguien en el sitio todo el tiempo.

Se cultivaban semillas de cristales especiales cuyo propósito era expandirse y crecer a un ritmo acelerado. Sosteníamos el pensamiento de lo que queríamos crear en nuestras mentes, lo construiríamos en el plano etérico y luego nos sintonizábamos a los cristales. Nuestros pensamientos entraban en conexión simbiótica con el cristal, se descargaban en él y el cristal manifestaba nuestros pensamientos en forma de un edificio. Estos eran cristales muy especializados creados para este propósito.

El cristal era diferente al tipo de cristal de la Tierra hoy. Era más resistente y tenía la capacidad de cambiar de forma según fuera necesario. Se comunicaba con el equipo a medida que crecía, por lo que era como un mándala. El agua formaba parte de la construcción como aglutinante que unía todo. El cristal retroalimentaba ideas que afinaban el plan, creando así un mejor edificio, ya que el cristal y el agua aportaban su inteligencia al equipo durante su proceso creativo. El cristal y el agua crecían y trabajaban juntos para que el edificio creciera rápidamente. Esta fluidez cocreativa de comunicación y forma con el agua como agente aglutinante estaba viva, creciendo e interactuando. Las paredes se formaban a partir de la combinación de cristal y agua.

Había diferentes densidades en un edificio. Por ejemplo, los pisos tenían una densidad más alta que las paredes. El piso era creado como un reflejo de la red de Totalidad; tenía la misma impronta, de modo que con cada paso que dábamos nos conectaba con el todo. Tenía los mismos colores y el mismo patrón de la red.

Una vez que el edificio era creado y en uso, si necesitábamos que tuviera una forma o color diferente, podríamos interactuar con él y cambiaría a lo que necesitáramos. Los colores de los edificios también podrían cambiar según el tipo de trabajo que necesitáramos hacer. Nos posicionábamos en nuestros equipos de templo en círculo, entonando diferentes tonos según nuestra intención acordada antes de comenzar y en comunicación con el edificio mismo. Creaba una onda de frecuencia extraordinariamente poderosa que daba la vuelta al planeta. Era increíble lo que un pequeño número de personas podía crear con la combinación de toda nuestra energía en simbiosis con el agua, los cristales, la luz, todo. Todo funcionaba en conjunto.

La ciudad se trazó en un patrón circular como una mándala. Todo estaba planeado geométricamente en torno a calles circulares. Había anillos de calles con edificios entre ellos. Toda la ciudad fue concebida de antemano en un plan maestro. Los constructores saldrían con sus cristales, se sintonizarían con los cristales y luego llevarían a cabo su parte del proyecto. La construcción comenzaba en el centro del círculo y avanzaba hacia afuera en círculos cada vez más amplios. Cada círculo estaba completo en sí mismo. La construcción en curso siempre estaba en el anillo exterior, pero la ciudad interior ya estaba establecida. A medida que se completaban los círculos, la ciudad se establecía más en un contexto más amplio.

Después en la civilización Lemuriana, los edificios eran más cortos que en las ciudades cristalinas de luz originales. Eran más bajos y anchos, de entre seis y diez pisos de altura. En los primeros podíamos ver la luz a través de ellos, pero los posteriores eran más opacos, más utilitarios que estéticos.

CAPÍTULO 6

TECNOLOGÍA

Así era Lemuria hace unos 70,000 años. Fuimos los pioneros, viviendo aquí mientras observábamos cómo evolucionaban las cosas para que pudiéramos encontrar la mejor manera de funcionar en este plano. Necesitábamos estar en la energía de la Tierra por un tiempo para ver qué funcionaba mejor.

El agua corría por debajo de las calles de Lemuria y creaba un campo de energía que interactuaba con los vehículos. La energía transportada por el agua se irradiaba por encima de las calles para que las naves pudieran interactuar con ella, -- como un tren magnético donde los carros nunca tocan el suelo. Los vehículos eran naves de dos personas, como pequeñas naves espaciales que viajaban sobre un colchón de aire. Cuando llegábamos a nuestro destino, apagábamos el auto y se estacionaba. Cuando el campo energético se apagaba, la nave flotaba suavemente hasta el suelo, las alas se plegaban hacia arriba, y ascendíamos al salir.

Se utilizaban vehículos más grandes para transportar carga. No eran tan grandes como nuestros camiones de hoy y eran bastante pequeños para poder entrar y salir de la ciudad sin causar congestión. Los vehículos de transporte se descargaban en los muelles situados a niveles más altos que todo lo demás. Un interruptor activaba el campo de energía y levantaba el vehículo. Todos los muelles de descarga estaban por encima del nivel de la calle, por lo que el tráfico podía pasar justo debajo de ellos. Los planificadores crearon diferentes niveles para permitir la libre circulación.

La mercancía llegaba a un vestíbulo de entrada (lobby). Las áreas de oficinas, distribución y almacenamiento estaban un piso por encima de este nivel y se llegaba a ellas mediante un ascensor. Todo funcionaba en armonía.

Cada artículo de carga tenía un campo a su alrededor, por lo que cuando un vehículo se detenía en un edificio, la maquinaria receptora se sintonizaba con lo que fuera necesario descargar primero. La sonda entraba y notificaba a la carga lo que necesitaba para poder descargar. Se creaba un campo ingrávido y todo se descargaba automáticamente. El conductor metía el vehículo en la bahía y esperaba hasta que se encendiera la luz. Entonces sabía que estaba listo para pasar al siguiente, y la carga salía flotando.

Había un chip en el exterior de cada paquete que creaba un campo de inteligencia a su alrededor para que cuando llegara el paquete, el vehículo pudiera interactuar con esa inteligencia. Sabía exactamente lo que necesitaba, el orden en el que debía descargarse y adónde tenía que ir. Esta inteligencia se programó para que los trabajadores no tuvieran que hacer ningún trabajo servil.

Los paquetes contenían equipos para las oficinas y los centros de control. A medida que las empresas se expandieron y necesitaron nuevos equipos, se agregaron a las máquinas existentes. La tecnología siempre se auto actualizaba. Mientras lo hacía, se transportaban cosas nuevas para mejorar lo que ya teníamos. Todo era diseñado para agregarse, de modo que nada quedara obsoleto hasta que apareciera un paradigma completamente nuevo. Cuando eso sucedía, siempre había una manera de reciclar lo que se tuviera que reemplazar.

Todo se construía conscientemente, por lo que no había basura. Todo se usaba. Las cosas que se estaban descomponiendo se convertían en otras cosas que usaban la energía de la descomposición para crear energía, como ahora aprovechamos el gas metano de los vertederos. Nada se desperdiciaba en Lemuria. Cuando algo se volvía obsoleto, se usaba para otro propósito. Esto es algo que debemos hacer ahora en la Tierra.

El proceso de fabricación era un proceso cocreativo donde las cosas se construían orgánicamente a sí mismas. Cuando los cocreadores proponían un diseño, ponían un programa nuevo en el cristal y este automáticamente creaba el diseño. La robótica hacía la parte manual de cualquier cosa si era necesario, eran controlados por telepatía y se conectaban conscientemente a los cristales y a las personas que los diseñaban. Los robots venían de otro planeta.

Nadie necesitaba esforzarse. Si necesitábamos algo, simplemente hacíamos una solicitud y llegaba. Estábamos en contacto con nuestras raíces estelares que nos proporcionaban un intercambio constante de información. Nuestra tecnología provino de otras civilizaciones que eran más avanzadas que nosotros, por lo que podíamos dedicar más tiempo a "ser" que a "hacer". Algunos de nosotros proveníamos de otros sistemas estelares y estábamos aquí como técnicos, monitoreando el planeta y para evolucionar estando al servicio de los Lemurianos.

CAPÍTULO 7

TRABAJO

Todos trabajaban en un equipo que también podría incluir los Equipos del Templo de sacerdotes y sacerdotisas, junto con los jardineros, maestros, curanderos, constructores e investigadores tecnológicos. Gran parte del trabajo giraba en torno a crear y mantener todo mediante el uso de cuerpos sutiles en lugar de trabajo físico. La gente la pasaba creando cosas nuevas o monitoreando lo que ya se había creado. La sociedad no estaba impulsada por el trabajo porque prevalecía un sentimiento de alegría al servir al conjunto. En la Tierra hoy somos como hormigas obreras; en los días de Lemuria, eran las máquinas las que eran las hormigas.

La mayoría de las personas eran el equivalente a nuestros ejecutivos altamente remunerados. Tenían salas de ejercicios y un entorno muy cómodo en un entorno propicio para la felicidad y el bienestar de las personas. El punto principal de enfoque al diseñar algo era que debería ser fácil de operar. El siguiente enfoque era que todo sería saludable para todos y no emitiría campos tóxicos. El enfoque final era que todo pudiera servir para otro propósito después de que expirara su vida útil.

En realidad, no todos los lugares de trabajo eran como ir a trabajar. La gente iba a monitorear las cosas en un ambiente de trabajo donde podíamos trabajar en nosotros mismos al mismo tiempo. Todo era diseñado para el bienestar de todo y de todos. En toda la ciudad había hermosos parques y jardines para caminar o admirar. Las personas se ofrecían como voluntarias para trabajar en las áreas donde sus dones naturales los conducían y donde sentirían alegría. Todos creían que no tenía sentido que el trabajo fuera una carga, ya que todos simplemente hacían lo que les gustaba hacer.

CAPÍTULO 8

UNIÓN SAGRADA

El propósito de la Unión Sagrada era alcanzar un estado superior de conciencia en unidad. Se utilizaba como una forma de transformar la energía. Había exquisitez en ello; el objetivo era poner a cada pareja en una conexión más completa con la Unidad. Las parejas de vibraciones similares se sentían atraídas entre sí. Había una pasión intensa y sentían que tenían una similitud de interés, impulso, propósito y conexión. Eran similares a nosotros en el sentido en que se sentían atraídos el uno por el otro por la pasión, el magnetismo y la conexión del alma. Se unían para equilibrar las energías masculina y femenina en una experiencia de Unidad.

Las parejas se unían en ceremonia y pasión para experimentar un amor más grande al fusionar su amor individual en un todo mayor. Al principio, era más un intercambio energético, pero a medida que nuestros cuerpos se volvieron más densos, se volvió sexual, aunque la unión siempre se consideró sagrada, muy honrada y reverenciada. Era una celebración de la unión de las energías masculina y femenina en perfecto equilibrio. A través de la unión sagrada extática con nuestro ser amado (o alma gemela), podíamos experimentar la conexión extática con El Uno, con la Fuente en un nivel más profundo, apasionado e íntimo.

Un hombre y una mujer elegirían unirse para ofrecerse como vasos sagrados para la Unión con Lo Divino. Esta unión sagrada era considerada la forma más elevada de servicio para crear un cáliz para el Sagrado Femenino y un cáliz para el Sagrado Masculino. A través de esa unión, los involucrados literalmente llevarían a Lo Divino al campo de energía de toda la ciudad. Al principio, la energía se inyectaba en las redes de las ciudades, pero luego pasaba a las redes de toda la tierra.

La energía contenía las dos polaridades del Campo de Dios: masculino y femenino en forma equilibrada. En todo momento, el propósito de la Unión era crear un vehículo para que el Amor Puro llegara a la Tierra. Esta era una de las formas en que manteníamos las redes de Totalidad y Amor Puro. Era un gran honor ser invitado a la Unión y hacer El Gran Matrimonio, que era el honor más alto que alguien podía ofrecer a otro. Cuando llevábamos la energía de la Unión a lo físico, era muy pura y sagrada, por lo que los ritos del matrimonio siempre se realizaban en el Gran Templo. Se sentía un privilegio poder traer eso como una ofrenda a la comunidad para las redes.

Después de La Caída, las energías se distorsionaron y la meta se convirtió en placer físico, que nunca fue la intención original. La alegría de la unión es la esencia de las enseñanzas tántricas que todavía enseñan las escuelas hindúes y tibetanas. Cuando nos reuníamos en Unión Sagrada, nos conectábamos a todas las siete chacras y nuestros cuerpos de luz se fusionaban. El hombre tenía su propia matriz y la hembra tenía su propia matriz. Cuando estas dos matrices se fusionaban, se entrelazaban y creaban una geometría completamente nueva, una nueva creación de forma a partir de luz líquida.

El contacto se hacía primero a través de los ojos. Para cada pareja, había una secuencia específica de sonidos, colores, tonos y respiraciones que conectaban las chacras y transformaban la conexión en una experiencia de luz energética. La fusión de sus dos cuerpos de luz en unión extática creaba un campo de energía increíble. Era una entrega total a la energía de la Totalidad. Parecía una expansión infinita, la creación de una esfera, que se convertía en un vórtice. Había una gran acumulación de energía en la esfera que era exquisita a nivel personal y que podía enfocarse para la creación de cualquier proyecto.

Se podía introducir en la matriz de Integridad total para sostener el campo de integridad del todo. También se podía enfocar en la creación de un niño o usarse en la manifestación de cualquier cosa que la pareja necesitara o deseara dar forma.

Todos en unión tenían la capacidad de alcanzar una fase de Integridad completa, pero algunos estaban más dotados que otros para generar más energía para el vórtice. Eran como las baterías de energía para el campo de Integridad/Amor - mantenían los fuegos encendidos. Ellos habrían recibido más iniciaciones para ayudarlos a acceder los Archivos y traer más poder. Había flujo y reflujo natural al saber cuándo era necesario "cargar" los campos de esta manera. La pareja sabía cuándo era necesario sostener el campo.

El propósito de la Unión Sagrada rara vez era para engendrar niños, por así decirlo. Mas bien, era para alimentar al sistema con la energía del Amor, ya que era la energía más poderosa que podíamos crear. En el momento de la unión extática, la energía se conectaba automáticamente al campo de energía. No teníamos que "hacer" nada para conectar la energía, solo debíamos tener la intención de introducirla al sistema, como puntos de acupuntura, en la red.

El verdadero propósito de los ritos sexuales era la Unión Sagrada en su forma más pura como se practicaba en muchas religiones antiguas. En una unión santa la energía creada al unirse lo masculino sagrado con lo femenino sagrado servía para curar o para llevar el poder de la creación a un proyecto manteniendo ese propósito como un enfoque o intención. Los druidas usaban esta energía para ayudar a que los cultivos crecieran y para mantener todos los reinos en equilibrio. Los antiguos egipcios y los nativos americanos usaban los ritos sexuales para crear energía de alta frecuencia para los estudiantes que iniciaban.

El verdadero propósito del Tantra es experimentar lo Divino a través de la unión extática. Después de La Caída, la energía sexual fue profanada y las sacerdotisas del templo fueron sometidas a esclavitud y prostitución. Ha llegado el momento que la energía sexual sea devuelta al templo, donde se convierte en vehículo para la experiencia del Amor puro y santo.

Ahora nos estamos reconectando con los compañeros con quienes trabajamos en Lemuria. Ya tenemos los códigos para la unión extática dentro de nuestros cuerpos energéticos esperando ser reactivados. Nos estamos conectando con nuestros compañeros de antaño. Cuando nos conectamos con ellos y compartimos nuestras energías, lo llamamos "hacer el amor". Somos Amor y cuando nos unimos en éxtasis, en Alegría orgásmica, nos concientizamos de que todos los Seres están asociados con nosotros: delfines, ballenas, estrellas, árboles y elementales.

Ahora estamos aprendiendo a no excluir más a nadie. Estamos empezando a olvidarnos de decir "No" y a recordar decir "Sí".

Cada pensamiento, cada imagen, cada posibilidad que se nos ocurra, todo se convierte en una vibración gozosa que lo impregna todo y lo une todo al mismo tiempo. Entonces nos damos cuenta de que Todo es Uno y que Todo lo que hay es Uno.

CAPÍTULO 9

BEBÉS / NIÑOS

Preparación para recibir a un alma

Toda la comunidad decidía si un niño o el alma de un niño podía formar parte de esa sociedad. Tenían que tomar una decisión unánime para aceptar a ese ser. El alma del niño pedía ser parte de esa sociedad, y el consejo se reunía para acordar si aceptaban o no a esa alma. Por lo tanto, el nacimiento de un niño era una creación conjunta consciente de los padres, el niño y la comunidad en su conjunto.

Una vez que se decidía quiénes serían los padres y el niño, se realizaba una ceremonia para crear al niño. Cuando estaban creando al niño, todos los involucrados se conectaban con el nuevo ser como esencia de luz con el alma del niño. Las frecuencias de las energías masculina y femenina armonizarían con la del niño. El niño sabía a dónde iba y la comunidad sabía quién vendría.

La pareja que decidía dar a luz una nueva vida pasaba mucho tiempo en el templo preparándose para ser vehículos y crear esa nueva vida. Era un compromiso muy serio, y pasaban mucho tiempo realineándose con pureza e inocencia. Tenían que ser un recipiente muy puro para traer una nueva alma. Los padres pasaban mucho tiempo conectándose con el Amor, examinándose a sí mismos en cuanto a su motivación e intención, alineándose con el Amor y vaciándose del ego para poder ser un recipiente puro para la nueva forma de vida.

Al principio, la energía femenina y masculina y la del niño combinarían todas sus esencias como luz antes de comenzar a crear el vehículo físico para que el niño encarnara, asegurándose de que la combinación fuera adecuada. A lo largo de esto, un grupo de personas se colocaba en el punto central del círculo para apoyar la combinación única de las personas involucradas. Además, había personas que monitoreaban el proceso para determinar si los padres y los niños iban a estar en armonía vibratoria. Los que monitoreaban veían los colores en los campos de energía de las tres entidades y observaban lo que sucedía cuando se juntaban. Si sus frecuencias no coincidían enérgicamente, no continuaban con el nacimiento.

Creación de un alma

Si las frecuencias coincidían, el niño era creado en conciencia de unidad con los padres uniéndose como uno. Para crear al niño, las entidades masculinas y femeninas se unían y unían sus energías en los chacras de la corona, el corazón y el sacro. Utilizaban el sonido para tonificar al niño. La pareja unía sus manos para crear un flujo de energía entre sus corazones. Enfocaban la energía del Amor a través de la conciencia para crear al niño. Usaban la respiración para construir la energía, respirando amor el uno al otro y creando al bebé entre ellos. Los padres conectaban todos sus chacras, fusionando sus cuerpos de luz. Las dos matrices del masculino y femenino se movían una dentro de la otra y a partir de esa fusión, se formaba una geometría totalmente nueva. Una matriz se movía a través de la otra, fusionándose y creando una nueva matriz, una nueva geometría.

La criatura era creada densificando la luz líquida; la densificación iba de acuerdo con las geometrías individuales, por lo que la geometría que se formaba era una síntesis tanto del hombre como de la mujer. Eran cocreadores y la densificación del nuevo ser se alineaba con la geometría que se había creado en la unión que se fusionaba.

Había una diferencia en las complejidades de las geometrías de diferentes personas. Algunos tenían geometrías simples mientras que otros eran más complicados. Por ejemplo, los profesores tenían geometrías diferentes a las de los estudiantes. No había juicio en esto; era solo una cuestión de tener más información. La gente tenía diferentes colores en sus campos, y cuando mirábamos más profundamente, veíamos las diferencias en la geometría que se mostraban a sí mismos como la base dorada de los Seres. Por supuesto, habría una diferencia en la complejidad de la geometría y en la división de los colores.

Era mucho involucramiento en el proceso de la creación de un niño. Al principio no había un embarazo como lo conocemos donde la mujer carga físicamente al niño. Se trataba más de sostener al niño con energía a medida que se desarrollaba. Este era un momento en el que las cualidades del niño se estaban infundiendo o descargando. Se llevaba a cabo en un espacio sagrado entre dos personas. Ambos padres se unían sosteniendo al niño en el centro de ellos. Cada uno alimentaría al niño con cualidades masculinas o femeninas, siendo cada uno responsable de un papel particular en la co-creación del niño.

Durante el tiempo de creación del niño, los padres no hacían nada más. No se distraían con otros aspectos de la vida. Era como si fueran a un lugar especial porque ese era su trabajo: ser cocreadores conscientes de las tecnologías, virtudes y cualidades que este nuevo ser encarnaría.

Necesitaban estar completamente presentes para este niño. Los padres eran apoyados por un grupo de personas a su alrededor, que les alimentaban con energía. El equipo del círculo de partos cambiaba de turno, pero los padres permanecían en un estado de unión sagrada durante todo el tiempo de creación de este niño, lo que llevaba muchos meses en nuestro tiempo.

Nacimiento

Durante ese tiempo, ambos padres continuaban conectando sus chacras y enfocando la energía a través de los corazones. La energía del corazón continuaba expandiéndose para crear un espacio para que el niño se desarrollara. Era infundido con amor hasta que el espacio ya no podía contenerlo, no el nacimiento como lo conocemos. Era más como una cápsula desarrollándose en el espacio del corazón entre dos personas. Cuando el corazón se expandía, la cápsula se abría y nacía el niño. La cápsula ya no podía contenerlo porque su ser estaba tan lleno de amor que emergía de la cápsula.

Post Nacimiento

Después del nacimiento, el equipo le daba la bienvenida al niño colocándolo en un baño ceremonial con agua bendita. Los padres estaban preparados ceremonialmente para recibir a su hijo, y este ritual ayudaba al niño a entrar en el cuerpo con suavidad para que el alma no sufriera un sobresalto. Había una gran cantidad de energía en el corazón mientras estaba rodeado de calidez, caricias, abrazos, cantos, cariño, alegría, gentileza y dulzura. Cada niño era recibido de esta manera. Era tan diferente a la forma en que los bebés entran ahora en los hospitales, salas y las luces brillantes.

Cuando nacía el niño, un equipo de ayudantes le cantaba al niño y lo sostenía continuamente mientras los padres descansaban y se recuperaban o hacían algo más, sabiendo que el niño sería cuidado. Había turnos y las personas se rotaban para mecer, cargar, amar y alimentar al bebé. El pequeño se alimentaba más con energía que con comida física. El equipo de cuidado mantenía al niño en sus corazones, y al niño se le infundía la dulzura y los colores específicos del cuidador.

Todos tenían un papel en este proceso, pero no solo para el nacimiento. Toda la comunidad y específicamente el equipo de partos y los padres participaban en el proceso de invitar al alma del niño a que entrara, ayudando a que el cuerpo creciera e integrándolo en la comunidad.

En los primeros tiempos de Lemuria, cuando éramos más etéreos, todo era vibración y color. A medida que nacía un nuevo ser, se le llevaba a todas las distintas zonas y frecuencias que diferentes personas tenían como especialidades. Cada área era de un color diferente, por lo que cuando se llevaba a la nueva alma a cada uno de ellos y se sostenía, el niño recibía tanto de ese color o esos colores de la persona o grupo como fuera necesario. Con el tiempo, el color del niño se volvía obvio y sería canalizado para servir en esa área.

Esta forma de Amor se ha olvidado ahora. En Lemuria, cada niño era recibido de la misma manera amorosa como parte de la comunidad, lo que ayudaba al niño a recordar el enfoque del Amor. No querían apresurar las cosas para poder pasar a la siguiente como se hace ahora.

Dar a luz era un trabajo y mucho esfuerzo, pero se hacía con amor, alegría y reverencia.

La comunidad decidía en conjunto recibir al niño, a pesar de que los padres lo daban a luz, ya que se convertiría en un miembro de la comunidad. No había "posesión" del niño como hoy, donde pertenecemos a ciertos padres y familiares. El enfoque era más comunitario y universal que individual, más sobre la comunidad. Incluso para los padres, no era personal. Era un privilegio especial dar vida a un niño o entidad en particular, pero eso no significa que el niño "perteneciera" a ellos. Quizás tenían un papel especial en la supervisión del desarrollo de este pequeño ser en particular, pero era un esfuerzo de la comunidad y todos eran atendidos por igual.

CAPÍTULO 10

EDUCACIÓN Y DESARROLLO INFANTIL

A los niños se les enseñaba cómo mantenerse conectados a la luz. Tenían sesiones de practica para bajar la luz hacia sí mismos y absorberla. Los niños nacían de la luz y permanecían en ella hasta que crecían, y luego necesitaban sesiones regulares de meditación para sentarse con la luz. Venían al Gran Templo y se sentaban con los colores de la luz, la luz dorada y los pilares de luz. Aquí serían infundidos con luz mientras se sentaban en ella, sabiéndolo y siendo. La luz descendía del sol a través de la aguja y el techo de cristal del templo.

A los niños se les enseñaba a trabajar con sus recursos internos, a saber, cuáles eran esos recursos y cómo aprovecharlos y desarrollarlos. A todos los niños se les enseñaba que eran parte de la luz y cómo aprovechar sus corazones para tomar decisiones y verificar cómo se sentían, cómo trabajar con energías y cómo cuidarse a sí mismos. A medida que se desarrollaban, se les enseñaba a controlar los pensamientos y las emociones para sentir lo que sea que necesitaran experimentar y cómo transformarse con Amor.

Antes de La Caída no había dolor. A los niños se les enseñaba cómo mantenerse en equilibrio, cómo trabajar con los colores de cada chacra y cómo trabajar con su poder e intuición. Todo esto se enseñaba y se le conocía como habilidades innatas. Aprendían cuales colores se relacionaban con cual chacra y cómo usar los colores y energía de cada uno. A los niños se les enseñaba cómo analizarse a sí mismos, a sentir en qué parte de su cuerpo experimentaban alguna sensación y a cómo vivir sus vidas en el Amor.

Se les enseñaba cómo nutrirse, consolarse y cuidarse a sí mismos manteniéndose conectados a la Fuente.

Las habilidades de algunos niños se conocerían de antemano; para otros, cuando sus habilidades se hacían evidentes, eran colocados con los miembros de la comunidad que podrían nutrirlos y sus dones particulares o áreas de interés. La educación siempre sería con diferentes personas que les enseñaban cosas diferentes. A cierta edad estarían con un grupo, luego a otra edad con otro grupo. No iban a la escuela como lo hace nuestra sociedad. Pasaban de un grupo a otro. El primer grupo hacia el programa para el desarrollo del bebé, y luego iban a cada sección de la comunidad. Los niños comenzaban a especializarse en su propia área particular de especialización a medida que crecían. Era similar a lo que hacemos aquí, pero más en un entorno grupal como en las escuelas Waldorf. Aprendían el nivel básico de cada especialidad con el grupo con el que estaban creciendo, pero el enfoque siempre estaba en la comunidad y el amor.

Los niños vivían en el área comunitaria donde actualmente se les enseñaba; cada lugar tenía todo lo que necesitaban. Tenían un sentido de pertenencia, propósito y dirección. Todas sus necesidades eran satisfechas y eran valorados como un miembro integral del todo. A medida que el niño se movía por las diferentes áreas, el color del niño se volvía obvio y se le canalizaba a trabajar en esa área. Algunos trabajaban con energías, otros con sonido y algunos creaban formas. Todos tenían un lugar. Cada zona tenía un color predominante. Los curanderos tendían a trabajar con el rayo violeta; la energía con la que trabajaba la gente azul. Cada niño recibía todos los colores, pero cada uno tenía una resonancia que se volvería predominante, la que fuera su propio color. Los maestros sabrían entonces que esa sería el área en que el niño necesitaría recibir más activaciones.

Cada grupo tenía su propio color. Parte de su propósito era trabajar con los niños para llevarlos a través de una serie de activaciones para ver dónde fluirían sus habilidades con mayor facilidad. Algunos miembros de cada grupo estarían haciendo el trabajo de la especialidad mientras que otros estarían enseñando esa especialidad dentro de los templos. Era entonces cuando estábamos en cuerpos más sutiles y nuestros edificios eran más etéreos. Más tarde haríamos lo mismo, pero dentro de los pasillos y estructuras de mármol.

Los niños viajaban juntos en grupos -- el grupo espiritual con el que vinieron. Los niños venían en oleadas. Había un grupo de niños entrando a la vez, como un grupo de almas. Ese grupo permanecía unido y viajaban juntos en todo momento a todas las áreas diferentes, como jardinería, tecnología o curación. Iban al aspecto pedagógico de cada área para recibir enseñanza, siempre con amor, gentileza y aliento. No había juicio, no había diferenciación entre el éxito y el fracaso. Nadie era juzgado ni calificado. Solo se hacía notar si una especialidad llegaba más fácilmente o con más dificultad, entonces se canalizaría al siguiente nivel de esa especialidad.

Había muchos niveles dentro de cada instalación. A todos se les daba una base básica. Por ejemplo, en el reino de las plantas a todos se les mostraba la dinámica de los flujos de energía, las resonancias que todas las plantas necesitaban. Había una red básica que sustentaba todas las plantas. Luego, a medida que la planta se volvía más especializada, había capas de esa red básica que serían más adecuadas para las necesidades especializadas de plantas particulares. A todos los niños se les daba un conocimiento básico de cómo funcionaba la energía vital de las plantas, y luego a aquellos que mostraban más aptitudes para ese trabajo se les daba el conocimiento más alto, más refinado y especializado en esa área a medida que los demás pasaban al siguiente lugar.

A nadie se le hacía sentir nunca menos que a los demás. No había ningún tipo de jerarquía. Era solo una cuestión de animar a todos a descubrir dónde estaba su corazón, su alegría y su amor, dónde sus dones podrían ser más beneficiosos para la comunidad y dónde podrían ser de mayor utilidad. Todo el mundo era feliz de poder servir. Todos sabíamos que estábamos aquí para servir y que al servir a los demás, servimos al Uno y a nosotros mismos.

Cuando encontrábamos el vehículo para el servicio que fluía con mayor naturalidad para nosotros, nos llenaba de alegría. Era una expresión de nuestra luz, color y esencia básicos que servía a toda la comunidad. Estábamos alegres, sonrientes, riendo y jugando. El trabajo no era una carga y no se sentía como "trabajo" porque nos sentíamos muy conectados y apoyados.

Gran parte de la educación se realizaba mediante la transmisión directa de códigos del maestro a los estudiantes. Absorbíamos la energía o activación moviéndonos a través del campo energético de la persona que transmite un determinado color o frecuencia. Algunas personas estarían monitoreando el campo de energía de los estudiantes para leer sus energías y sus colores y así descubrir cuáles eran sus dones. Esto les mostraría qué códigos de color el estudiante podría transmitir con más fuerza.

El violeta profundo en el campo de energía era el concepto más elevado, incluyendo el Amor y la Unidad. El amatista representaba la compasión. El rosa era la conexión con los planos angelicales, estando muy asociado con la energía púrpura. El oro claro representaba alegría, diversión y movimiento en el cuerpo, como bailar, al igual que asimilación y absorción. El oro claro también significa interacción entre diferentes seres en una danza alegre, trabajando con las energías de los demás como una forma de comunicación.

El verde, como una esmeralda pálida, significaba una conexión con el reino vegetal.

Las personas eran monitoreadas constantemente para poder mantener el equilibrio. Todos tenían un don, el color con el que eran más poderosos, pero también necesitaban mantener el equilibrio con todos los demás colores. Los estudiantes iban con personas que les enseñaban sus fortalezas y personas que monitoreaban su equilibrio en general. Esto significaba que debían tener todos los colores representados de manera equilibrada para poder enseñar o realizar el servicio desde un lugar de Totalidad.

Era la individualización dentro de la Totalidad y todos contribuían con sus dones a eso. Las personas eran monitoreadas por sus dones a una edad muy temprana, pero no de una manera severa. En algún momento serían iniciados para permitirles mostrar cuales eran sus fortalezas. Esta era una activación o un fortalecimiento oficial de su conexión con un archivo en particular.

El archivo tenía la Totalidad dentro de sí mismo, por lo que la gente permanecía conectada a la Totalidad incluso si solo enseñaban parte de ella. No era como es hoy en día en la ciencia, donde cada uno tiene su propia área. Siempre había una conciencia del todo y sus facetas y lo que significa ser un todo y estar dentro del todo.

Todos recibían una base del concepto de Totalidad para comprender la parte para la que estaban siendo entrenados y lo que significaba dentro de toda la intrincada red. Se les enseñaba un conocimiento básico de la Totalidad de la red, así como la activación y refuerzo de sus dones personales.

Los niños nacían con la matriz de la Totalidad, todos los colores. Necesitaban abrirse suave y divertidamente.

No necesitaban ser entrenados en la Totalidad porque ya estaba dentro de ellos. La apertura no era automática, por lo que se necesitaba una cierta frecuencia para permitir que los niños se abrieran a su Totalidad. Al moverse hacia las burbujas energéticas de otras personas, se activaban sus propias frecuencias. Su matriz básica de Totalidad se abría suave y automáticamente al escuchar tonificar y conocer a otras personas con su código de color específico.

Con el tiempo, a medida que las energías se hundían más en la densidad, la matriz ya no podía abrirse y la matriz básica de la Totalidad dejó de estar disponible. Las frecuencias bajaron y la gente ya no irradiaba plenitud en sus burbujas de color. Este fue el momento de La Caída.

Después de La Caída, los niños ya no estaban abiertos a la Plenitud. Cualquiera podía poner el conocimiento en la parte superior e introducirlo al sistema, pero si no hay un receptor que esté conectado a la Totalidad, el resultado final será un conocimiento fragmentado como el que tenemos ahora en la ciencia. Ya no trabajamos desde el campo de la conciencia de la Totalidad. No se debe culpar a nadie; el campo ya no está abierto.

CAPÍTULO 11

CONSEJOS Y CÓMO SE TOMABAN LAS DECISIONES

Las decisiones que afectaban a todo el grupo eran tomadas por un consejo que se reunía sentado alrededor de una mesa en el Gran Templo. El consejo era formado por representantes de todos los aspectos de la sociedad: comunidad de curación, jardinería, vías fluviales, tecnología, animales y supervisores de templos. El consejo se reunía siempre que fuera necesario. Había horarios regulares para reunirse, pero también se acordó que cualquiera podía convocar una reunión si fuera necesario. La reunión continuaría hasta que se resolviera la investigación y se llegara a una resolución pacífica y agradable que funcionara para el mayor bien de todos. Siempre mantenían su enfoque. No había duda de no mantener el enfoque, ya que el enfoque era el Amor. No había tentación de apartarse de él. Era una sociedad que funcionaba perfectamente.

Cada encuentro comenzaba con una oración que era la misma en cada ocasión. Pedían recordar su enfoque de amor, comunidad y cooperación. No había un líder como tal porque cada uno era un representante de una sección de la comunidad. Se permitía tiempo para que hablara cada representante de cada área. La persona que convocaba la reunión comenzaría diciendo que su área estaba experimentando algo que era un desafío y / o necesitaba una nueva forma de ver una situación. Pedían información a todos los demás grupos. Entonces todos sabrían lo que estaba pasando en los otros segmentos de la comunidad, y todos estaban en la luz de la verdad.

También había mediadores que asistían a todas las reuniones tanto de la comunidad en su conjunto como de las áreas de especialidad individuales. Siempre mantenían como enfoque el mayor bien de todos para garantizar que cualquier sugerencia o solución estuviera alineada con el diseño general y el concepto de Amor y plenitud para toda la comunidad. No había ningún sentido de luchas de poder o grupos antagónicos que intentaran forzar una decisión que los favoreciera, solo conciencia del bien del Todo.

CAPÍTULO 12

JARDINES

Los primeros jardines fueron creados con el pensamiento. No había suelo, y todo era creado de los éteres por el pensamiento. Las formas cambiaban todo el tiempo dependiendo de lo que queríamos ver. Incluso si estábamos en una ubicación diferente al jardín, podíamos crear lo que quisiéramos, y estaría allí antes que nosotros; y podíamos cambiarlo si queríamos otra cosa. Los jardines se utilizaban para curar y energizar a las personas. Nadie se enfermaba entonces porque teníamos esta energía constantemente a nuestro alrededor. Si queríamos algo, podíamos crearlo a nuestro alrededor, ya sea un arco iris, flores, una cascada con colores, hermosos pájaros o luces de colores. Simplemente pensábamos que existía y se manifestaba ante nuestros ojos.

Al principio todo era luz líquida, incluidos los alimentos en crecimiento y nosotros. Creábamos las frutas y verduras en nuestras mentes y simplemente reemplazábamos lo que habíamos recogido con nuestra intención enfocada. Traíamos las semillas de otras dimensiones. En la Lemuria temprana, las plantas y los jardines estaban por todas partes. Toda la ciudad era un jardín. Había jardines y agua por todas partes; era arte.

Más tarde, a medida que aumentamos en densidad, las plantas se volvieron más físicas como las frutas y verduras que tenemos ahora; se volvieron más verdes como nuestras verduras de hoja verde y vegetales. Esto hizo que la diferencia entre la manifestación física y la matriz original de Totalidad fuera mayor, por lo que había más posibilidades de distorsiones. A medida que bajaba la frecuencia, era cada vez más difícil retener la memoria de la matriz de Totalidad básica.

Más tarde, cuando estábamos en cuerpos físicos, teníamos jardines que eran muy frondosos con plantas tropicales y flores enormes con colores vibrantes.

Creación en el templo de Lemuria en el lugar de la abadía de Glastonbury en Inglaterra

Las ruinas de la Abadía de Glastonbury en Inglaterra de hoy, fueron una vez el sitio de un enorme templo al aire libre con columnas griegas, un piso hermoso y hermosos diseños. Fue aquí donde materializábamos el objetivo mientras cuatro arcángeles se paraban en las cuatro esquinas. En el centro había un gran altar central de cuarzo transparente alrededor del cual doce jóvenes Lemurianas, puras de forma y corazón, se sentaban mientras se tomaban de la mano. Mientras miraban el altar, materializaban sobre él un objeto en el aire. El objeto tenía forma de huevo y era líquido como una luz radiante en movimiento, brillante, plateada, metálica. Tenía color y forma a su alrededor. Respiraban juntas y empezaban a observar una campanilla emergiendo como si hubiera nacido del objeto en forma de huevo; aparecían raíces, hojas, brotes y flores. Era su intención creada a partir de sus pensamientos lo que manifestaba la campanilla azul.

Tenían en sus mentes los planos de los divas y arcángeles. Cada una de las doce aportaba un aspecto diferente: códigos de sonido, códigos de luz y geometrías. Una obtendría el diseño y luego lo proyectaría a las demás a través de la telepatía mental. Entonces todas la proyectarían al huevo y se manifestaría físicamente. El huevo era luminoso, traslúcido y líquido; estaba en este mundo y no en él al mismo tiempo. Era un portal.

Otros trabajaban con la conciencia de las rocas y el suelo y activaban la energía en las piedras de la tierra.

Para esta activación se utilizaba el sonido, combinado con la intención. La gente trabajaba en equipos, tonificando las plantas y ayudándolas a crecer. Usábamos diferentes tonos en diferentes lugares junto con las condiciones externas. Por ejemplo, entonaríamos durante las tormentas eléctricas o la fase de la luna para enfocar las energías. Trabajábamos con las plantas, las estrellas y los ciclos de la tierra en co-creación. Teníamos equipos que poseían el conocimiento de las posiciones y ciclos planetarios y los tonos apropiados.

El papel del servicio en la comunidad

Las personas podían elegir si querían ofrecer sus servicios a los aspectos de crecimiento de la comunidad; como regar, escardar, plantar o cosechar. Había suficiente que hacer para todos, para que todos pudieran hacer lo que les atrajera. Los jardines rodeaban la ciudad y los edificios rodeaban los grandes patios en medio, todos conectados por líneas de comunicación entre diferentes áreas de actividad, entre sí y con los jardines.

Cultivábamos todo tipo de hortalizas, entre coles, zanahorias y tomates, así como flores y huertos llenos de diferentes frutas. También teníamos animales: vacas, pollos, cabras y ovejas. No comíamos animales; solo usábamos sus productos como leche, huevos y lana. Cada uno de los animales tenía un papel, y sabían cuál era, como las ovejas que ofrecen su lana para hacer ropa. Cada animal tenía un trabajo sagrado y se le tenía en consideración sagrada como si fuera humano. No eran tratados menos que los humanos. Eran incluidos como parte del carácter sagrado de la vida que todos vivían.

Los animales eran considerados como parte del panorama más amplio de la creación, el todo mayor donde todos trabajaban en armonía. Ayudábamos a las plantas a crecer a través del amor. Las personas con este papel se sentaban con las diversas verduras. Los jardineros se sentaban con cierto vegetal como si fuera un bebé y le daban vibraciones de Amor. Cada persona tenía la libertad de elegir su propia expresión particular de esta vibración, que podía ser tonificar, cantar, rezar o proyectar colores.

El propósito de cada miembro de la sociedad era servir. Por lo tanto, todos elegían lo que querían hacer o en qué enfocarse. Por ejemplo, algunos optaban por comunicarse con los tomates durante un cierto número de horas. Todos tomaban turnos, por lo que parecía que la música se infundía constantemente en las raíces, el suelo y las verduras. La planta era sostenida en la vibración del Amor de cualquier manera única que esa persona tuviera para ofrecer.

La gente tenía espacios de tiempo cortos, por lo que el trabajo nunca era una carga. Todo el mundo era provisto; el dinero era innecesario. Había suficiente para que todos compartieran. Cualquiera podía venir a cuidar las verduras, recogerlas, distribuirlas o cocinarlas. Todos tenían un trabajo, desde plantar las semillas hasta cosechar los cultivos. Era una operación completamente armoniosa, independiente de todos los demás departamentos de la ciudad, pero parte del todo mayor. Dentro de la comunidad de jardineros, algunos se ocupaban del suelo y otros plantaban las semillas. En diferentes turnos rezarían, cantarían, quitarían hierba, regarían o distribuirían. Si queríamos cavar un hoyo, el suelo simplemente se movía y creaba un hoyo. Las necesidades o solicitudes de uno se enviaban telepáticamente y el suelo respondía. Todo funcionaba así. Teníamos muchos árboles frutales. Les cantábamos, les tocábamos cuencos de cristal, bailábamos a su alrededor, tejíamos luz a su alrededor y nos comunicamos con ellos telepáticamente. Les decíamos lo hermosos que eran y cuánto apreciábamos los frutos que nos daban. No existía enfermedad alguna.

La fruta era perfecta, así que la recogíamos la compartimos con la gente.

Las camas de jardín tenían muchas formas diferentes: rectangulares, cuadradas, todas formas geométricas. Eran diseñadas de esa manera a propósito. Cada forma que usábamos, como diamante, hexágono, octágono o círculo, era parte de un gran diseño, encajando en un todo mayor. Usábamos el mismo diseño geométrico que las cuadrículas que atravesaban la ciudad, los campos y el agua. Mantenían todo vibrante y vivo, por lo que no era necesario un arduo trabajo físico.

Todo era tan vital y estaba tan lleno de luz que cuando alguien necesitaba trabajar en la tierra, ella simplemente cooperaba – había muchas partículas de luz en el suelo que facilitaban el trabajo conjunto.

No había pago ni moneda. No se necesitaba dinero; todos estábamos tan contentos de estar al servicio que decíamos: "Oh, ¿puedo hacer eso?" Nos sentíamos privilegiados de poder servir. Pasábamos tiempo en el campo si ese era nuestro trabajo elegido. Entrabamos en meditación y nos conectamos telepáticamente con todos los seres vivos. Manteníamos la visión de todo en perfección.

CAPÍTULO 13

CURACIÓN

La curación era parte del entrenamiento que todos recibíamos. Se transmitía de persona a persona. A todos los niños se les enseñaba que tenían habilidades curativas como parte normal de la vida. Se les enseñaba cómo hacer descender la luz dorada, enfocarla a través de sus manos y trabajar con ella. También se les daba a los estudiantes muchas herramientas a usar. Aprendían a usar su intuición y conocimiento, así como usar la luz como un rayo láser para procedimientos médicos y cirugías. La luz se mantenía con gran reverencia y se le enseñaba a la gente a no abusar de ella, sino a usarla para el bien.

Cambio de forma

Eran capaces de cambiar de forma, especialmente en los primeros tiempos Lemurianos, cuando sus cuerpos eran más sutiles. El cambio de forma tenía que ver con los niveles de conciencia y adaptación y podía usarse para muchos propósitos: viajar, soñar, moverse entre dimensiones, etc. Todo era lo mismo. El cambio de forma se utilizaba para recordar a las personas quiénes eran, especialmente a medida que las personas envejecían y se volvían más densas. Los curanderos visitaban a los clientes en sus sueños para ayudarlos a sanar. Podían entrar en los sueños de personas que estaban olvidando su verdadera naturaleza como ángeles o como seres queridos olvidados que conocían, como sus madres. En el sueño, el sanador ayudaría a esa persona a restaurar el corazón, recordar el Amor y saber que era Amor.

La gente solo se enfermaba porque se olvidaba que era Amor y amado. Esto fue después de La Caída cuando nos mudamos de la Unicidad. Antes de la Caída, no existía la enfermedad como tal, y la curación solo era necesaria para mantener a las personas en equilibrio. Después de La Caída, hubo tumores y enfermedades. Algunos de los curanderos recordaron su oficio y enseñaron a otros.

Herramientas para curar

Cristales

Los curanderos tenían muchas herramientas a su disposición y todos los curanderos tenían su propio cristal especial. Se les enseñaba todas las propiedades de las piedras y los cristales, cuáles usar para enfermedades y cuáles usar para activaciones de luz. Los cristales se consideraban sagrados porque tenían poderes especiales que podían activarse; sin embargo, solo podían trabajar en conjunto con la conciencia del sanador y no tenían poder en sí mismos.

Telepatía, Intuición Médica, Sonido

La telepatía se utilizaba para compartir conocimientos y habilidades con otros miembros del equipo. Esta comunicación telepática se utilizaba para ayudar a dirigir el enfoque del cliente en un área particular de preocupación / necesidad o para enviar una visión de cómo debería verse en Totalidad. Algunos curanderos estaban capacitados para diagnosticar la ubicación del problema al igual que los médicos intuitivos hoy en día, mientras que otros usaban sus dones para restaurar el área del problema a la Totalidad.

Algunos curanderos eran expertos en usar el sonido: entonar, cantar, cuencos de cristal, cuencos tibetanos, campanillas o cantos.

Estuche de herramientas

A todos los curanderos se les daba un juego de herramientas básicas y se les enseñaba a usar sus habilidades innatas. También tenían contacto directo con sus guías y ayudantes en los planos superiores y simplemente pedían lo que necesitaban de ellos. La curación se enseñaba como una parte muy natural y normal de la vida. Algunos curanderos eran mejores que otros y serían entrenados para desarrollar más sus habilidades y especializarse en ciertos aspectos. A los estudiantes más avanzados se les enseñaba a incluir a los delfines en su trabajo, utilizando el lenguaje de la luz en el ADN. Eran entrenados para usar la energía de su cordón dorado para conectarse telepáticamente con los delfines a fin de traer conocimiento, sabiduría, amor y alegría para ayudar con la curación.

Templos curativos

Había templos de curación especiales para individuos, plantas y / o animales con cámaras de diferentes formas geométricas, por ejemplo; pirámides o esferas que mejoraban el proceso de curación. Además, había muchas formas diferentes en las paredes, como pentágonos, hexágonos, octágonos o triángulos. Las energías de amor y plenitud fluían desde las rejillas del Gran Templo hacia toda la ciudad y todos los templos de curación. Se cargaba y recargaba constantemente. Esta energía latía de las paredes y pisos de cada cámara.

Diversos equipos de curanderos trabajaban en los templos de curación. Todos tenían un entrenamiento extenso en todas las diferentes modalidades de curación, como luz, sonido, cuencos de cristal, voz, tacto, tonificación y cristales. Si había una nueva descarga de información o energías curativas, los curanderos la recibirían en sus campos de energía desde la red y luego la transmitirían a cualquiera que necesitara recibirla.

Algunos curanderos usaban rejillas de cristales de diferentes colores que enviaban rayos de luz de colores al paciente. Otros colocaban cristales sobre y alrededor de la persona que necesitaba curación, y el equipo formaba un círculo y enviaba luz a través de sus manos para activar los cristales. Dependiendo del problema, los curanderos podían o no tocar el cuerpo de la persona; y si no la podían tocar, podían también trabajar en el campo áurico / etérico.

Los sanadores trabajaban con todas las formas de energía manteniendo la visión de todo en perfección. Veían al individuo ya sano, íntegro y perfecto. Primero se descargaba de los archivos el plano original de toda persona sana. Después, el equipo mantenía la intención de restaurar ese ser a su Totalidad original en alineación con el plano. Los sanadores sostenían la visión de esta perfección, luego cantaban, entonaban, visualizaban o cualquier combinación de estas modalidades. Se les enseñaba en su formación a ser capaces de diagnosticar lo que estaba fuera de alineación y / o contaminado de alguna manera.

La gente se desalineaba, especialmente si viajaba fuera de la ciudad o fuera del planeta, visitando lugares de menor frecuencia. Cuando necesitaban ayuda para restaurar su plano de Totalidad, iban a la cámara de sanación de alineación. Para llegar allí, al entrar pasaban por un cenador lleno de hermosas flores.

Una vez en la cámara, la persona atravesaba pilares de luz de colores creados por la luz del sol que entra por los cristales de las paredes o el techo. Él o ella sacaría de cada color lo que fuera necesario y al final estaría en perfecto equilibrio. Si se necesitaba más, los curanderos mantenían la visión de la Totalidad y cantaban o tonificaban al individuo para que volviera a la Totalidad. Una forma de hacerlo era cantar los nombres de las personas que tenían su modelo perfecto de aseidad. Algunas tribus todavía practican esta forma de curación para que una persona vuelva a estar alineada con su Verdadera Naturaleza.

CAPÍTULO 14

CONEXIONES CON OTRAS CIVILIZACIONES

Como Lemurianos, teníamos una tecnología muy avanzada en comparación con otras civilizaciones de la Tierra que queríamos compartir para ayudar a otros. Desarrollamos tecnologías específicamente para ayudar a civilizaciones más primitivas que también estaban en la tierra en ese momento. Se hacían arreglos en consejo para que se presentaran equipos de personas con conocimientos especializados de curación o tecnología. El Consejo discutía qué información se compartiría y luego se hacían arreglos para viajar usando la telepatía. No había limitación para viajar, simplemente nos veíamos donde queríamos estar y nos proyectábamos allí. Sentíamos que era parte de nuestro propósito superior que nuestra tecnología se llevara a otro lugar para que fuera útil. Lo veíamos como una extensión de nuestro servicio, similar a lo que está sucediendo ahora, donde algunas personas están vibrando con la resonancia de la Tierra Sana y algunas todavía están funcionando a la frecuencia de la Tierra Vieja. Aquellos con los códigos activados para la Tierra Sana están ayudando a otros a moverse a la nueva frecuencia.

Los Lemurianos vibraban a la frecuencia de la perfección mientras que otros grupos humanos en la tierra eran muy primitivos y animalísticos; ellos eran los que evolucionaron a partir de los simios. Los Lemurianos tenían la conexión con la Fuente que los humanos no tenían. Vimos que la gente de las cavernas se esforzaba por evolucionar y que eran simples y como niños.

Nuestra civilización era mucho más avanzada, y debido a nuestra compasión y nuestro deseo de servir, venimos en nuestras cápsulas y nos aparecimos ante la gente de las cavernas como ángeles.

Al principio, nos aparecimos en forma espiritual, pero a medida que nos acostumbramos a estar en la densidad más baja, aparecíamos como personas más parecidas a ellos con las que podían entenderse y relacionarse.

También interactuábamos de manera constante con seres de otros sistemas estelares; Sirio, Venus, Orión, Andrómeda, Arcturus, las Pléyades y Alpha Centauri. Nos visitábamos mutuamente y compartíamos nuestras tecnologías, habilidades, la logística de incorporar la Totalidad como una matriz subyacente y cómo mantener todo lo que construíamos o creábamos conectándonos a esa matriz. Les mostrábamos a los demás cómo la energía de la matriz original de Totalidad fluía a través de todo lo que era creado, ejecutado o hablado para mantener una organización equilibrada y completa.

Trajimos esta información con nosotros cuando llegamos a la tierra desde las estrellas, y la desarrollamos en un intrincado sistema de mantener el equilibrio dentro de un sistema vivo de edificios, personas, plantas y animales. Como Lemurianos, teníamos la capacidad de cambiar de forma con mucha facilidad, por lo que si necesitábamos hacer un largo viaje por un terreno difícil, podíamos tomar la forma de un pájaro. Si queríamos cruzar océanos o viajar dentro y fuera de las ciudades de cristal en el océano, podíamos tomar forma de delfines. Simplemente enfocábamos nuestra intención en cualquier forma que quisiéramos asumir y cambiábamos de nuestra forma a esa otra forma. También podíamos cambiar de forma para viajar entre dimensiones para conectarnos con los templos en los planos etéricos. Podíamos volar al Gran Templo Solar bajo el sol en forma de águila o visitar a nuestros ayudantes espirituales en cualquier forma que eligiéramos.

La Tierra se originó con influencia de todos los sistemas estelares diferentes. Los seres de estos sistemas estelares estaban en el planeta ayudándonos frecuentemente.

Cada uno tenía su propio sabor de avance tecnológico, por lo que había mucho intercambio de información con civilizaciones que estaban muy avanzadas. Algunos seres volvieron a sus sistemas estelares después de compartir su tecnología, mientras que otros se quedaron para monitorearla y refinarla.

Compartíamos diseños que eran parte del conocimiento universal con nuestros hermanos interplanetarios. Formamos parte de una hermandad intergaláctica que compartía conocimientos. Es solo en los últimos 2000 años que este conocimiento no ha estado disponible. Desde el principio fuimos desarrollados con información proveniente de nuestros hermanos galácticos.

Andrómeda

De Andrómeda recibimos información sobre curación y tecnología. Ellos tenían la maquinaria que podía reconstituir un cuerpo usando una sola célula de un cuerpo. Cualquier cosa que estuviera sucediendo emocionalmente, había máquinas que leían automáticamente dónde estaba desequilibrada la persona. Luego, las máquinas emitirían una frecuencia, sonido o color para restablecer el equilibrio. Es difícil describir cuán poderosa hacia esto a una persona. Aprendimos que cuando alguien estaba completamente alineado, ese individuo era Crístico con todo el poder del Ser Crístico. La gente usaba esa tecnología en todos los ámbitos de la existencia. Los andromedanos trajeron y aún traen esta tecnología en sus naves estelares para compartir y curar.

Arcturia

De nuestro trabajo con los Arcturianos, aprendimos que estaban conectados con los Elohim y eran parte de los constructores de un equipo con los Pleyadianos que crearon este planeta y todo el sistema solar. Trabajaban con los Elohim para crear la forma etérica y luego con los Pleyadianos para crear la estructura.

Sirio

Aprendimos que los seres de Sirio tenían un profundo conocimiento del trabajo con energía de una frecuencia específica, la energía de luz azulada / plateada / blanca de la Llama de la Conciencia Crística. Nos mostraron cómo crearon y enviaron frecuencias de luz para la curación e iluminación. En la actualidad, algunas de estas frecuencias de luz se están colocando en los círculos de las cosechas que están sobre los acuíferos y están cambiando la frecuencia de nuestro planeta. La especialidad de los sirios es modificar el universo para restaurar la armonía cuando otras facciones discordantes alteran el equilibrio.

Venus

Los venusinos compartieron su profundo conocimiento de la energía del corazón y nos mostraron cómo conectarnos a través del corazón. Compartieron la comprensión de la cualidad de unión del amor con todo y dijeron que es el pegamento que mantiene unida a toda la creación. La energía rosa suave / lavanda que contiene la frecuencia del Amor y la compasión es la energía de la Madre Divina, el Amor puro. Que fue la fuente que creó a todo en el planeta.

Cuando el materialismo comenzó a infiltrarse, fue como un virus que finalmente mató a la energía de Venus/Divina, razón por la cual ahora tenemos una sociedad patriarcal. En contraste a antes de La Caída, los Lemurianos se comunicaban con seres en Venus y recibían una fuente continua de energía de flujo de Buda/Amor que cualquiera podía aprovechar para crear lo que quisiera en cualquier momento. La energía era constante, como un río de vida que todos tenían fluyendo dentro de ellos. Esto significaba que nunca nos faltaba ni necesitábamos nada porque todo estaba ahí para nosotros. Siempre podíamos tener lo que queríamos porque teníamos esa energía de

Amor en un suministro interminable y podíamos manifestarla en cualquier cosa que quisiéramos. Nos comunicábamos telepáticamente con las venusinos cuyos planos eran mucho menos densos que aquí.

Pléyades

Los Pleyadianos nos recibieron como hermanos mayores, padres, madres y hermanas que eran para nosotros. Nos ayudaron a crear este hermoso jardín. Somos sus hijos. Nos aman mucho; es como si hubiera toda esta energía esperando irrumpir en el planeta y cambiarlo todo. Cuando eso suceda, habrá una transformación completa de la Tierra. Están esperando que llegue el momento adecuado. Hay un gran impulso acumulándose en este momento; así que, cuando llegue ese momento, tendremos todo lo que necesitemos. Los Pleyadianos son como nuestros animadores, esperando para ayudar. Tenemos todos los dones que necesitamos para hacer que nuestro planeta sea tan hermoso como el de ellos. En las Pléyades hay mucho más de lo bueno, una pureza de intención. Viven en paz; por lo tanto, hay más claridad y armonía a diferencia de aquí donde vivimos en conflicto. Ya somos suficientes los que estamos listos, para que los Pleyadianos puedan venir a ayudarnos.

Sociedades primitivas

En la época Lemuriana, había muchos lugares en el planeta que tenían sociedades, comunidades y culturas más primitivas, y las dos se estaban uniendo. Era casi como si los Lemurianos fueran del futuro viviendo allí, y los demás no estuvieran en ese paradigma. Los nativos vivían del sudor de sus frentes, y los Lemurianos les trajeron Amor, curación, cultura y demostraciones de armonía, paz y cooperación. Le dimos a la gente de las cavernas la idea de imitar la paz y crear sus propias tecnologías para la agricultura a su manera primitiva. Los estudiamos y evaluamos su nivel de inteligencia y les dimos información a modo que pudieran entenderla.

Usábamos el agua como cable para las transmisiones a las comunidades satelitales. Había momentos en que una comunidad estaba lista para manejar un poco más. Lo consultábamos con ellos, vestidos con ropa de la época. Como emisarios de Luz, les dábamos en lugar de quitarles. Generalmente, usábamos agua para transmitir energía, pero cuando estaban listos para un salto cuántico, los maestros iban y se integraban entre ellos en persona.

Isla de Pascua

Por ejemplo, viajábamos a las sociedades primitivas porque los nativos de esa época eran guerreros, como los de Isla de Pascua. Las estatuas gigantes de Moa son el resultado de esta interacción. Para cambiar su enfoque del conflicto a la cooperación, hicimos algunas demostraciones de poder, invocando a los dioses en oraciones y ceremonias. Lo atribuimos todo a los dioses en lugar de a nosotros, y funcionó.

Nuestro mensaje, "Reunámonos y honremos a estos Dioses", fue para demostrar que este poder podía estar disponible para ellos si construían efigies para los Dioses. Este modelo de trabajar juntos en honor a algo superior fue una artimaña para que dejaran de centrarse en el dolor y el sufrimiento como lo habían estado haciendo durante tanto tiempo. El proyecto era apartar sus mentes de las guerras que habían estado ocurriendo durante tanto tiempo.

En nuestras demostraciones a estas personas sencillas, les mostramos que éramos como ellos, excepto que nuestro poder provenía de esta conexión con los Dioses. Conseguimos que la gente dejara de luchar y trabajaran juntos en la construcción de las enormes estatuas. Como maestros Lemurianos, ya sabíamos cómo hacer levitar las piedras, pero fingimos que eran los dioses quienes las movían. La extracción de las piedras se realizó con herramientas, y una vez que la piedra estuvo fuera y excavada, los emisarios Lemurianos les enseñaron cómo mover las estatuas gigantes usando levitación.

Pirámides de Egipto

Las pirámides se crearon de la misma manera. Había sacerdotes que tenían la conciencia de la tierra y "cultivaban" sus hogares; nada era angular; todo era suave. Una forma de crear un hogar era formar un caparazón de la tierra. Eran viviendas sencillas como casas hobbit, orgánicas y capaces de cultivar un jardín en el techo.

Compartiendo la tecnología de la curación

Los Lemurianos dieron su energía como una semilla a las personas que ya estaban en la tierra. Como seres de luz, ofrecieron su tecnología a humanos más primitivos que ya estaban en la tierra, mostrándoles su potencial para ser seres divinos semejantes a Dios. Tenían la habilidad innata de retener esta energía y les enseñamos cómo usarla. Les mostramos cómo usar cristales, para encontrar el lugar donde las leyes físicas se funden y se transforman en otra cosa y donde el mundo tridimensional se disuelve en otras dimensiones, experiencias multidimensionales, otros mundos. Pudimos ir a este lugar y literalmente hacer las piedras más livianas que el aire, desafiando las leyes de la gravedad. Al enfocar la conciencia de estas otras dimensiones en la piedra, tomábamos energía de los lugares del portal de cristal y la hacíamos moverse por el aire. Le dimos esto a las sociedades más primitivas y les ayudamos a enfocar su conciencia en las piedras. Creábamos un campo de energía alrededor de la piedra, que literalmente la elevaba a otra dimensión al dirigir la energía de los portales hacia las piedras. Luego podíamos transportarlo a donde queríamos que fuera. Ahora no tenemos ningún punto de referencia para esta tecnología. A veces, se necesitaban grupos, en lugar de individuos, para concentrarse en unidad, para generar suficiente poder para mover las piedras.

Traíamos la plantilla de la mente de Dios y se la ofrecíamos a la piedra, y a través de nuestra conciencia como Maestros Lemurianos, la piedra era colocada en la energía del portal de cristal donde cambiaban las leyes físicas y cualquier cosa podía suceder. Podíamos tomar la energía y todas las cosas extrañas que sucedieran en el portal de cristal y transmutarlas a través de nuestra conciencia en cosas físicas que a nuestras mentes ahora parecen imposibles.

Las leyes físicas ya no aplicaban cuando enfocábamos nuestra energía porque veníamos de un lugar donde todo era posible. Todavía tenemos este conocimiento en nuestros códigos de ADN, y al activarlo construiremos el nuevo mundo.

CAPÍTULO 15

DELFINES

Los delfines nunca han olvidado quiénes son. Viven con alegría y tienen las llaves de la plenitud para todos los que pueden escucharlos. Podemos conectarnos con ellos tonificándolos, visualizándolos o nadando con ellos. Los delfines todavía tienen los códigos de Totalidad porque nunca perdieron la conexión con la Fuente. Nos transmiten los códigos codificados en sus sonidos y energía. Estar en el agua con ellos y recibir su transmisión impregna nuestro cuerpo energético y nos ayuda a recordar quiénes somos. Los códigos se transmiten en el lenguaje de Luz, que luego tenemos que decodificar a nuestra manera para traer la Luz al mundo. Conectarnos con los delfines toca nuestros corazones y almas y nos ayuda a recordar la alegría y la plenitud. Cuando los códigos descienden de la Fuente como el lenguaje de la Luz, los delfines vienen girando con ellos, en espiral hacia abajo para ayudar a introducir los códigos.

En Lemuria podíamos ser delfines o personas. Moviéndonos a voluntad, elegíamos la forma que deseáramos. Teníamos la misma conciencia y vivíamos en alegría y plenitud. Los delfines vinieron con nosotros desde Sirio donde todos trabajamos juntos en el Templo de la Llama Eterna, la Llama del Cristo Cósmico. Esta es la energía que en este momento está elevando a la Tierra en su nueva forma. Todos decidimos venir a la tierra juntos en nuestras cápsulas de luz, usando una merkabás (cuerpo de luz) como nave ligera.

Los delfines optaron por venir con nosotros para tomar forma en un cuerpo físico. Vinieron para ayudarnos a mantener nuestra conexión con la Fuente y recordar quiénes somos. Cuando nos hundimos más profundamente en la densidad, perdimos nuestra conexión con la Fuente. Los delfines nunca lo hicieron, así que aceptaron venir con nosotros para "pastorearnos" y ayudarnos si nos perdíamos y nos descarriábamos. Ellos conservan para nosotros el plano de Totalidad en caso de que olvidáramos quiénes somos.

Matriz de plenitud

Eso es exactamente lo que sucedió. Perdimos nuestro camino y los delfines han estado sosteniendo la matriz de nuestra Totalidad por nosotros. Ahora se están conectando con nosotros individualmente y como raza, ayudándonos a recordar nuestra Divinidad. Cada uno de nosotros tiene su propio grupo/familia estelar que viajó con nosotros desde Sirio; conectarse con ese grupo ayuda a activar el plano de nuestra Totalidad. Podemos hacer esto escuchando los sonidos de los delfines, nadando con ellos o conectándonos con ellos en el plano astral a través de la visualización.

Los delfines tienen un conocimiento muy profundo de cómo moverse de una manera ligera y orgánica entre todos los niveles de Totalidad. Tienen un concepto de las grillas de Totalidad y nos recuerdan cómo seguir conectándonos con ellas. El movimiento de los delfines entre las capas de la red los mantiene en una fluidez alegre. Los delfines nos facilitan y nos muestran cómo conectarnos orgánicamente desde la individualización hasta la Totalidad y viceversa. Tienen la energía azul/blanca de alta frecuencia de Sirio para ayudarnos a movernos hacia la Conciencia Crística.

Los delfines nos enseñan cómo conectarnos ligeramente con la alegría y el amor. Ambos son transmisores y receptores de las frecuencias de Sirio y ponen estas energías en el agua con solo estar en ella. Tener delfines en nuestros océanos cambia el agua. A medida que la frecuencia se mueve a niveles cada vez más altos, suceden más cosas dentro de un cierto período de tiempo, como si el tiempo se acelerara.

Al principio, cuando éramos más como esferas de luz, nos comunicábamos a través del cuerpo de luz y el aura. Trajimos la belleza a la existencia a través de la combinación de la mente y la intención. Esta belleza aún se conserva en el cerebro de los delfines, que están aquí para ayudarnos a recordar la belleza y sobre pasar el dolor y el sufrimiento para ir a la alegría.

Cerebro galáctico

Los delfines nos ayudaron a crear un cerebro galáctico con las energías de curación conectadas a ese cerebro. Si nuestros cráneos fueran transparentes, veríamos líneas y pulsos de luz, como una ciudad de cristal dentro de nuestras cabezas. Cuando comenzamos a movernos hacia cuerpos más definidos, nuestro cerebro galáctico ayudó a nuestra actividad creativa utilizando una corriente eléctrica y manifestando lo que necesitábamos de los éteres. Los códigos de esta parte inactiva del cerebro todavía se encuentran en nuestro ADN y son activados por los sonidos de los delfines.

A medida que nuestras hebras de ADN se vuelvan a conectar, tendremos acceso a partes del cerebro que han estado inactivas. Los delfines ascienden en espiral a través del ADN, llevando las hebras desconectadas y volviéndolas a conectar. Sus sonidos ayudan al proceso, abriendo los códigos de nuestro ADN. Solo tenemos que pedirles que lo hagan por nosotros, y está hecho.

El cerebro entero del delfín pulsa en colores: índigo, aguamarina, zafiro, magenta, rosa, violeta y turquesa. Está lleno de luz que contiene todas las dimensiones, pero los delfines no separan dimensiones. Para ellos, hay una gran vibración armoniosa, una canción, una danza de la vida. Con este cerebro de delfín, creamos a medida que nos movemos. Proyectamos imágenes de nuestro cerebro; a medida que nacen las imágenes, se convierten en cualquier forma que elijamos para envolverlas. Todas las cámaras del cerebro están funcionando al 100% todo el tiempo, una gran experiencia armoniosa. El cerebro galáctico es como una ciudad de luz brillante y palpitante. Podemos pedirles a los delfines que traigan este cerebro galáctico al nuestro y se fusionen con él. Esta es una de las activaciones que hace Charmian en sus sesiones. El regalo a nosotros contiene pulsos de luz como meridianos o puntos de acupuntura que inician y despiertan todos los códigos.

La energía desciende de la Fuente en galaxias espirales alrededor del cuerpo, llevando la frecuencia galáctica al cerebro. Las técnicas creativas que usamos con este cerebro son colores, sonidos y patrones. Tenemos que empezar a hacer esto ahora en nuestros grupos. La pulsación galáctica es lo que éramos al principio y los delfines todavía lo son. Ellos sostienen la energía aquí en el planeta para que nosotros podamos reactivarnos. Ahora volvemos a ser quienes somos; entidades energéticas galácticas poderosas que crearon cuerpos físicos con esa energía. Este poder creó todo, incluyendo nuestra propia fisicalidad para vestirla. Esa fue la intención cuando vinimos a vivir a este planeta. Es por eso que los delfines se están conectando con nosotros ahora, invitándonos a nadar con ellos o escuchar su canto con la intención de recuperar nuestra conciencia galáctica.

CAPÍTULO 16

BALLENAS

Ahora estamos en un momento en este planeta donde muchos están desconectados de la energía del Amor. Algunos seres elevados aquí están conectados a esa energía, pero ya no es lo mismo que solía ser. Ahora hay pequeños puntos de luz aquí y allá, pero no como en Lemuria. Las ballenas son las portadoras de esa energía y la están transmitiéndola al planeta para que nos sintonicemos. Si lo aceptamos, podemos pedir que sea una fuente de plenitud para nosotros en nuestra vida. Las ballenas como los delfines están emitiendo las frecuencias de Venus en un rayo constante de energía a la que podemos acceder sintonizando telepáticamente la frecuencia de las ballenas. No es como si viniera de otro planeta porque las ballenas ya están aquí en la Tierra. Toda el agua tiene esa frecuencia, y podemos pedir que el Amor brote del agua incluso mientras la bebemos. Podemos pedir la bendición de la energía de Venus que venga y abra nuestros corazones junto con las ballenas. Entonces nosotros también podemos ser el Amor sin fin que ellos son.

Protectores de la tierra

Las ballenas tienen otra clave diferente a los delfines: un idioma diferente. Las ballenas tienen las llaves de la tierra, el reino físico; los delfines tienen las llaves de la Luz. Las ballenas son las administradoras de la tierra; han dominado el plano terrestre como los delfines han dominado el plano astral. Las ballenas han desarrollado cuerpos enormes para ayudarlas a fundamentar la vasta frecuencia del Amor, que encarnan. Las ballenas están aquí para proteger la tierra.

A través de su canto y su tamaño, nos enseñan a amar y honrar a la Madre Tierra. Los humanos vinieron a la tierra con los delfines, pero las ballenas tienen un propósito diferente. La gente se ha desconectado de Gaia, nuestra Madre Tierra, y se ha olvidado de honrarla y agradecerle. Las ballenas nos guardan el espacio de Amor por la Madre Tierra hasta que nosotros encontremos el camino de regreso al Amor. Nos están enseñando cómo mantener los pies en la tierra y cómo permanecer enamorados. Todo funciona como un delicado tejido interior.

Las ballenas tienen la memoria de todas las grillas de los diferentes planetas y sistemas estelares y los momentos antes de la separación, por lo que contienen los planos originales de la Totalidad. Están transmitiendo constantemente estos planos. A medida que comenzamos a recordar, podemos recibir los planos que nos devuelven a la Totalidad. Las ballenas permanecerán en la Tierra hasta que muchos de nosotros hayamos recibido los planos y podamos mantener la frecuencia nuevamente por nosotros mismos. Las ballenas también tienen acceso a todos los archivos, que contienen los planos de la Totalidad para todas las civilizaciones en muchas galaxias y universos.

Ver ballenas ayuda a aquellos que no tienen una conciencia superior a sentirse asombrados por su magnificencia. Por ejemplo, a las personas que no están en contacto consigo mismas o que están atrapadas en sus mentes y creencias, cuando ven ballenas se les recuerda que hay algo más grande ahí fuera. Pocas personas llegan a ver algo tan grande o una de las creaciones de Dios que es tan divina. La vista de una ballena rompiendo o escuchando su canto asombra a la gente, y se llevan ese recuerdo a casa para ayudarles a recordar a Dios.

Sostenedores del amor

Mientras que los delfines trajeron la energía del Gran Sol Central a la tierra a través de Sirio y la llama de Cristo, las ballenas trajeron esa energía a través del Templo del Amor de Venus. Ambos encarnan el Amor mientras llenan las aguas de Amor por medio de sus canciones y su presencia. Su mensaje es simple: "Recuerda el amor. Recuerda que eres Amor y recuerda que eres amado ".

Las ballenas nos mantienen a todos enamorados. Es como estar en un gran baño caliente. No importa lo que hayamos hecho o dónde hemos estado. Simplemente nos mantienen totalmente enamorados. Nos demuestran cómo estar enamorados en un cuerpo físico. Mantienen esa energía para todos nosotros y son muy pacientes. Las ballenas han estado sosteniendo la vibración del Amor y esperando, sosteniendo el Amor como una guirnalda de rosas en las aguas alrededor de la tierra. Estos hermosos gigantes están en todos los océanos de la Tierra, renovando constantemente el Amor y diciendo: "Solo ven y recíbelo. Cuando todo se vuelva muy difícil y demasiado, solo ven y recibe Amor ".

Ayudando a las Ballenas

Necesitamos recordar el idioma de las ballenas; solíamos hablar con ellas o cantarles, y ellas cantaban. Antes todos conocíamos la canción del amor, pero los humanos la olvidamos. Las ballenas siguieron cantando, y ahora nos están cantando porque estamos recordando la canción. Pronto podremos volver a cantar juntos. Si recuerdas la canción, ve al océano (ya sea física o etéreamente) y únete a ellas para cantar la Canción de la Totalidad.

Las ballenas necesitan nuestra ayuda en este momento. Son seres tan vastos y gentiles y nos piden que dejemos de matarlos. Pruebas sonares realizadas por militares son muy dolorosas para ellas. No pueden protegerse de nosotros, por lo que nos piden que elevemos nuestra conciencia para elevar la conciencia de los demás y ayudarnos a salvar a las ballenas en lugares como Alaska y Japón donde todavía son cazadas o atrapadas. Las ballenas deben ser respetadas y honradas como ancianas/sabias, y deben ser libres.

Podemos ayudarles prestándoles más atención y enfocándonos en reconectarnos con nuestra Esencia Divina y encarnarla. Actualmente no nos estamos tomando este tema lo suficientemente en serio, por lo que nos piden que nos concentremos en crear más espacio para llevar la frecuencia de nuestro Yo Divino a nuestros cuerpos. Podemos conectarnos con las ballenas visualmente o mediante el sonido. Necesitamos unirnos en nuestros grupos porque los recuerdos están anclados en nuestro ADN y cada persona tiene una parte del todo. Con su ayuda, podemos recrear las redes/grillas llenas de Amor y Totalidad para todos.

CAPÍTULO 17

LA CAÍDA

Lemuria tuvo dos períodos de tiempo distintos, antes y después de La Caída. Al principio, estábamos constantemente conectados a la Fuente por las redes que recorrían cada parte de nuestras ciudades. Fuimos alimentados y renovados por esa conexión constante, por lo que nunca hubo una sensación de separación o aislamiento. Con el tiempo, olvidamos la conexión, y ese momento se conoce como La Caída. A medida que descendimos a niveles cada vez más profundos de desconexión, nos alejamos más de la Fuente. Nuestros campos de energía se volvieron cada vez más densos como una capa acolchada y entumecida. No entendíamos cuando las cosas empezaron a cambiar y nos olvidamos de quiénes éramos. Dejamos de recordar que éramos Amor y podíamos crear nuestros propios recursos desde adentro.

Ser útil y compartir luz y conocimiento

¿Cómo pasó esto? Hubo un tirón evolutivo desde otro plano, la tentación disfrazada de servicio. Teníamos ciertas estaciones en nuestra ciudad donde estábamos en un círculo en nuestras cápsulas y activábamos rayos de luz con nuestra intención y sonido para teletransportarnos y materializarnos al nuevo lugar. Sabíamos que otras civilizaciones necesitaban la Luz y ayuda; teníamos tanto conocimiento que queríamos compartirlo con ellos. Nuestro estilo de vida era tan armonioso que queríamos que otras civilizaciones lograran el mismo nivel de equilibrio y armonía.

Al principio estuvo bien; pudimos mantener las redes energizadas porque todavía teníamos la conexión con la Fuente y los otros sistemas estelares. Las ciudades y los jardines eran tan hermosos; había estanques, flores y árboles, unicornios y delfines con los que jugar. Todavía vivíamos en plenitud, asombro y alegría. Teníamos frutas, verduras y árboles, y amábamos nuestro mundo. Era un paraíso físico sin dolor. Éramos los inocentes en el Jardín del Edén.

Olvidando quiénes éramos

A medida que descendimos más hacia la densidad, comenzamos a perder nuestras conexiones con los sistemas estelares. Comenzamos a tener más intercambios culturales con los Atlantes al principio. Entonces la Atlántida comenzó a degenerarse en materialismo con sus conceptos de separación entre "Nosotros" y "Ellos" y división entre "élites" e "inferiores". Un ejemplo de esto fue que los Atlantes usaron a la gente de las cavernas para cruzarse con animales para hacer que una clase más baja de esclavos trabajara para ellos.

Desafortunadamente, algunos de estos conceptos de materialismo se afianzaron en Lemuria y se extendieron como un reguero de pólvora. Los Atlantes crearon la situación de que las personas que estaban en contacto con la gente de las estrellas eran "Nosotros" y todos los demás eran "Ellos". La gente de las estrellas se negó a participar en eso, por lo que se abstuvieron de interactuar conscientemente por más tiempo.

No nos habíamos dado cuenta de cuánto nos afectaría vivir en las densas vibraciones de otras civilizaciones. Comenzamos a olvidar que éramos Luz y nos involucramos demasiado en sus densas frecuencias. Esto abrió la puerta para que los extraterrestres de baja frecuencia entraran y explotaran la Tierra y sus habitantes.

Así entonces nos perdimos. No teníamos raíces ni conexión con nuestros hogares estelares. Este fue el comienzo de La Caída. Una vez que se asentó, el cáncer se propagó. Estábamos solos. La distorsión fue el amor al poder, que se tradujo en riqueza acumulada. Los

Atlantes siempre quisieron más, lo que a otros les parecía materialismo. "Tengo este poder y estas cosas, y tú no" parecía ser su filosofía y la forma en que vivían. Las naciones fuera del planeta no estaban dispuestas a brindarnos más ayuda porque sentían que estábamos usando sus dones de manera inapropiada.

Mientras todo esto sucedía, más Lemurianos se fueron de Lemuria para dar la vuelta a la Tierra y ayudar a los demás a regresar a casa, pero luego ellos también se quedaron atrapados. Pronto las redes no tenían a nadie que las sustentara o renovara, por lo que las ciudades comenzaron a desintegrarse. En un momento, la conciencia de los edificios estaba entrelazada con las personas que los crearon y trabajaron dentro de ellos, pero eso desapareció. Sin esa interacción, no podrían mantener su estructura, así que las ciudades perdieron su fuerza y se disiparon. El continente de Lemuria se hundió bajo el océano. Fue como la época de Montsegur en los Midi-Pyrénées del suroeste de Francia. Cuando los cátaros supieron que había llegado el final, caminaron alegremente hacia el fuego. Como Lemurianos, regresamos al agua y la Luz de donde veníamos.

Aparte de estar al servicio y compartir nuestro conocimiento con otras civilizaciones, ¿por qué habríamos elegido experimentar tal separación? Como Lemurianos, estábamos seguros de que podríamos retener las altas energías en cualquier lugar, por lo que decidimos ver hasta dónde podíamos viajar en la densidad y mantener la Luz sin contaminar. La misión era llevar la Luz al plano más bajo de densidad. La pregunta era si podríamos mantener la integridad y la Totalidad de la Luz dentro de nosotros cuando descendiéramos tan lejos en la densidad.

Cuando Lemuria se hundió, estábamos interactuando con gente primitiva. Algunos de nosotros nos convertimos en emisarios que aún eran capaces de mantener contacto telepáticamente con civilizaciones extraterrestres, pero gradualmente su número se redujo a unas pocas personas. Algunas de las tribus nativas americanas tenían y todavía tienen contacto con la gente de las estrellas porque no adoptaron la tecnología, por lo que permanecieron en contacto con la tierra y sus formas primitivas.

Volviendo a nuestra esencia

El recuerdo de La Caída está grabado en nuestra memoria celular. Hay dos imágenes. Una es que volvemos a la Unidad, a la Totalidad, mientras que la otra es "¿Qué pasó? ¿Qué salió mal? ¿Cómo fallamos?" Al final, abandonamos nuestra existencia física y regresamos al lugar de la esencia pura. Regresamos a la inocencia. Necesitamos borrar la memoria de no haber tenido éxito para poder mantener ese estado de inocencia original en la negatividad de la tercera dimensión.

Podemos conectarnos unos con otros en nuestros cuerpos de Luz como lo hicimos en los templos Lemurianos porque somos seres de Luz. Estamos trayendo esencia de Luz libre, clara, desencadenada y no unida a nuestros cuerpos físicos como son ahora. No importa en qué estado estén los demás a nuestro alrededor cuando podemos ser la Luz. No tenemos que hacer que los demás sean diferentes. Si no eligen estar en la Luz, no afecta dónde estamos porque estamos en la Luz que nos ayuda a estar en el mundo, pero no a ser parte de él.

Podemos estar desapegados de los resultados o las experiencias porque sabemos quiénes somos. Los equipos de nuestro templo siguen siendo esferas de color en nuestros cuerpos de luz. Podemos recurrir a esos colores y energías en cualquier momento y en cualquier lugar en el que nos encontremos.

Cuando la tierra cambie, todos nuestros niveles y existencias se unirán en Totalidad. Aún no hemos llegado allí, así que, como raza, necesitamos reconectarnos con nuestros equipos para ayudarnos unos a otros a mantener la frecuencia del Amor. Necesitamos hacer esto ahora.

Antes de La Caída, antes de que la conciencia de "Nosotros" y "Ellos" viniera de la Atlántida, había una armonía y una cualidad holística en todo lo que existía. Observamos cómo cada creación iba a afectar cada aspecto de nuestro ser. Todo era diseñado con ese paradigma en mente. Si no era algo que iba a beneficiar a todos los aspectos de nuestra aseidad, entonces no era creado. Este elemento se perdió, quedó fuera de la ecuación cuando las cosas empezaron a cambiar a "Nosotros" y "Ellos".

Fue entonces cuando las cosas se desequilibraron. La Tierra lo sintió, se movió y todo se vino abajo. Fue una limpieza similar a la que estamos teniendo ahora. La Madre Tierra solo puede tomar una cantidad limitada, y luego dice: "Ya, es suficiente".

CAPÍTULO 18

EL REGRESO

Aquellos de nosotros que estuvimos en Lemuria somos las almas más antiguas del planeta, las plántulas originales. Hemos regresado para el regreso a la Unidad para nosotros y la Tierra. Llevamos dentro de nuestro ADN las plantillas de los códigos de luz Lemurianos que activarán las grillas terrestres y crearán el plano de la Totalidad para la Tierra y todos sus habitantes. El plano se convierte en una matriz. Hay otros que tienen los códigos, pero no los de Lemuria, y ellos también tienen sus roles. Cuando estos códigos de Luz se activen, seremos capaces de cambiar nuestras frecuencias al cuerpo de luz de la quinta dimensión y elevarnos a nosotros mismos y a la Tierra a la Unidad nuevamente.

Despertar

Algunos de nosotros estamos empezando a recordar quiénes somos y por qué estamos aquí. Estamos reconociendo la necesidad de elevar nuestras vibraciones para recordar cómo abrir, sostener y compartir el plano de la Totalidad. Para hacer esto, debemos comer alimentos de alta vibración y controlar nuestros pensamientos. Debemos mantener nuestros cuerpos y mentes limpios para mantener estas altas vibraciones. Además, aquellos que recuerdan quiénes son necesitan compartir sus recuerdos haciéndolos audibles o visibles para los demás. Hemos tenido miedo de compartir nuestro conocimiento porque históricamente hemos sido ridiculizados, perseguidos o excluidos por ser "diferentes" a lo convencional.

A medida que aumenta la vibración de la Tierra, los templos antiguos y las ciudades de cristal que se retiraron a las dimensiones superiores para mantener intactas sus energías cuando se acercaba la oscuridad, están ahora reactivándose. El momento de despertar es ahora. Los equipos del templo Lemuriano se están reencontrando. Cada miembro del equipo tiene un aspecto clave que se activará cuando todas las piezas se unan.

Como antes, los maestros de las redes Lemurianas están recibiendo los códigos y traduciéndolos para que puedan ser recibidos en el plano terrestre. Ondas de luz y sonido llevan los nuevos códigos de luz. Dado que los cristales pueden transmitir energía, aquellos lugares de la Tierra donde hay muchos cristales en la tierra son conductores naturales y amplificadores de energía en las redes globales. La vibración de la Nueva Tierra ya está aquí. Esta es la finalización de todas nuestras encarnaciones en el plano terrestre. Estamos aquí para cimentar la energía de los Señores de la Luz, los Elohim, en lo físico. Debemos recordar que tenemos el plano. Al abrirlo para nosotros, lo abrimos para todos. Debemos verlo en cada uno y saber que esa es la verdad y la realidad de quienes somos.

Para hacer esto, estamos buscando a otros que tengan un ADN resonante específico para que podamos co-crear en un nivel consciente con esas familias y grupos. Nos estamos reuniendo en los círculos de nuestro templo nuevamente, pero muchos de nosotros aún no somos conscientes de que es lo que está ocurriendo. Solo sabemos que nos atraen unos a otros en grupos espirituales en los que recordamos nuestros espíritus y comenzamos a recordar quiénes somos. Este es un renacimiento de los círculos antiguos en los templos.

Ayudando a la Madre Tierra a regresar a la plenitud

Podemos hacer mucho para ayudar a la Madre Tierra en este momento. En el momento en que caminamos sobre la tierra, la impregnamos de nuestra conciencia; por lo tanto, aquellos de nosotros que tenemos el conocimiento consciente de los códigos de la Unidad irradiamos eso a los demás. Dado que la Tierra ha perdido la memoria de la red de la Unidad original, le estamos recordando que esta vibración se ha manifestado una vez más.

Al recibir los nuevos códigos de luz e introducirlos a las grillas de la Tierra, se agrega una nueva nota a la sinfonía que viaja alrededor de la Tierra en las rejillas de cristal. Muchos están recibiendo la nota que falta. A medida que resuena en ellos, se ayuda a restablecer el equilibrio de la Tierra. Algunos reciben la nota como sonido que luego puede transmitirse cantando o entonando. Otros lo reciben como símbolos, patrones de luz que se pueden transmitir a través del arte o la visualización. Nos estamos volviendo a conectar con nuestros equipos Lemurianos que vinieron con nosotros desde las estrellas. Necesitamos saber que cada uno de nosotros lleva a los demás dentro de nosotros y que siempre estamos conectados directamente con el corazón del grupo.

Hemos llegado a un lugar donde hemos perdido las palabras que nos conectan con el núcleo interno, por lo que la conciencia de la Unidad está luchando por salir adelante. Para volver a la manera alegre y multifacética de vivir y ser, necesitamos sentir el "yo" más grande en nuestros corazones. Nuestro corazón es realmente el centro donde todo se conecta. Cada tren de pensamiento y cada fibra de sentimiento está conectado al corazón. Cuanto más nos damos cuenta de esto, más energía puede fluir desde nuestros corazones hacia todos los aspectos de nuestra vida para nutrir y aumentar la vibración de la Madre Tierra.

Otra forma en que podemos ayudar a la Madre Tierra es recordarnos mutuamente nuestra Unidad, ya que todos estamos conectados y tenemos un papel intrincado que desempeñar. Todo el mundo tiene un regalo que dar. Todos pueden trabajar en armonía y sumar sus piezas al conjunto. Podemos crear Amor, ser Amor y ser Totalidad. Podemos ser creadores. Podemos ser equilibrio, una co-creación consciente con energía masculina y femenina. Podemos dar nuestros dones y recordar nuestro propósito. Podemos ayudarnos unos a otros, cuidarnos unos a otros y centrarnos en el bien de la totalidad. Esto ya está sucediendo. Una gran cantidad de seres más evolucionados está reconociendo la necesidad de conexión, equilibrio y amor, y se están ayudando entre sí. Esta conciencia está creciendo.

La visualización es otro enfoque para ayudar a la Madre Tierra en este momento. En Lemuria, hacíamos nuestro trabajo de sanación manteniendo la visión de la persona ya sanada, en Totalidad y conectada con ese plano. Podemos hacer esto ahora por la Madre Tierra, manteniendo la visión de ella sanada y transformada en Totalidad.

Llegando al círculo completo

Originalmente, elegimos entrar en la densidad de la Tierra para traer luz a la oscuridad. Nuestra conciencia es diferente ahora porque tenemos el poder de la oscuridad y la luz. No le tenemos miedo a la oscuridad porque esta nueva frecuencia de luz nació del vacío y contiene todo el poder de la oscuridad y la luz. Esta es la nueva conciencia de los que están despertando y que eligen completar el ciclo de transformación en este momento. Ahora es el momento de crear una nueva forma de Luz que pueda estar en densidad y, sin embargo, mantener la frecuencia y el Amor puro de la Unidad.

Hemos completado el círculo desde la Luz Dorada de Unidad a través de la oscuridad hacia la nueva forma del Cristo Cósmico. La llama azul en cada hebra de ADN está permitiendo a la raza humana mutar en un vehículo galáctico para la encarnación de la Conciencia Crística. Este fue el propósito de La Caída: experimentar la Oscuridad y mantener nuestra Luz. Somos los que estamos cumpliendo con el Propósito Divino de despertar el plano de la Totalidad para la encarnación de nuestra Divinidad mientras creamos el amanecer dorado en la Nueva Tierra.

Es hora de que reclamemos nuestra Divinidad, estemos abiertos a recibirla y aceptemos encarnarla. Al hacerlo, liberamos nuestras almas. Las cadenas que nos mantenían separados se están derritiendo; nuestras alas se abren a medida que encarnamos la energía del Cristo Cósmico cada vez más. Debemos invitar a las células de nuestro corazón a ser transmutadas en la Llama Azul del Cristo Viviente. Debemos reclamar nuestro derecho de nacimiento ahora en nombre del despertar de la humanidad. Vemos corazones en llamas. Decretamos que es así y vemos que todas las formas de separación se transmutan ahora en la Llama del Cristo Cósmico.

Desde la plena conciencia hasta el olvido total y el aparente aislamiento, estamos regresando a la antigua experiencia de la vida circular. El péndulo vuelve a girar hacia su centro. A medida que retrocedemos, nos damos cuenta de que no estamos solos y que todas nuestras experiencias que nos causaron tanto estrés en el aislamiento de nuestro núcleo son solo ilusiones. Tuvimos que llenarlos de nuestro sentido de la realidad para comprenderlos. Ahora regresamos y traemos una gran cantidad de información de la Fuente, de la que provino.

Lemurianos y otros trabajadores de la luz

Debido a que los delfines y las ballenas conocen y mantienen la frecuencia de la Unidad, son una fuente de recuerdo para aquellos que regresan. Es más difícil ahora porque hemos estado viviendo en las vibraciones más bajas de la tercera dimensión y no hemos tenido el apoyo de toda la sociedad. Por lo tanto, es más importante que nunca que los Lemurianos y otros Trabajadores de la Luz se encuentren, recuerden su Luz y traigan la vibración de la Totalidad a través del tono, la visualización, la danza y la música, cualquier cosa que abra el corazón de tantas formas como sea posible y ayude a los Trabajadores de la Luz a apoyarse unos a otros. Además, podrían vivir juntos en comunidades cooperativas y llevar las energías de la unidad amorosa a otras comunidades que podrían beneficiarse. Luego podrían regresar a sus propias comunidades en busca de apoyo y el recordatorio de que son la Luz. Esta forma de evolución como civilización está creciendo y ayudando a las personas a recordar quiénes son.

Cuando las civilizaciones Lemurianas se hicieron más densas, se sobresaltaron y sorprendieron porque no sabían cómo regresar. Ahora somos conscientes de nuestro camino evolutivo y nuestras habilidades. Estamos conscientes que hemos vivido en densidad durante eones y hemos desarrollado nuestra Luz. Los Lemurianos y otros Trabajadores de la Luz están aumentando en número y fuerza; estamos recordando que podemos estar en este mundo denso como comunidad. Al recordar quiénes somos, podemos ayudar a otros a evolucionar y así continuar evolucionando con nuestra propia fuerza y propósito. Todos están evolucionando hacia la Luz a su manera, pero los Trabajadores de la Luz tienen dones sanadores y la capacidad de ayudar a otros a elevar sus vibraciones. Si podemos ayudar a otros a elevar su vibración, aunque sea un ápice, entonces habremos hecho nuestro trabajo en el planeta.

Siguiendo la llamada interior

Básicamente, todos vivimos como Uno y eso significa que, en algún nivel, cada uno de nosotros sabe lo que los demás están haciendo, pensando y creando. Eso se aplica a toda la creación, por lo que ahora muchos de nosotros estamos volviendo a conectarnos con la naturaleza nuevamente. Estamos escuchando a nuestros hermanos y hermanas en los espíritus de la montaña, los espíritus de los árboles y los espíritus del océano. Con estos co-seres, estamos alimentando esa Unidad. Cuanto más experimentamos la alegría, la dicha y la creatividad, más nos energiza este flujo de retorno, al igual que las aves migratorias. Muchos de nosotros estamos siguiendo ahora esta llamada interior.

Estamos siendo atraídos a diferentes partes de nuestro planeta donde grupos co-creativos efectivos ya nos están esperando. Nos sentimos "llamados" y encontramos a otros que también fueron "llamados" allí. Por naturaleza, somos personas móviles. Nos va mejor cuando no nos aferramos exclusivamente a una persona, lugar o actividad en particular. Necesitamos darnos cuenta de que mientras todavía estamos en el tiempo lineal y nos movemos a través de las cosas una tras otra, como un área del planeta, una actividad, relación o experiencia, eventualmente no estaremos tan limitados en el tiempo. En nuestra conciencia, podremos ver que todo está sucediendo junto, y la dicha aumentará cuando sepamos que estamos juntos y no separados por un tiempo lineal.

Nos estamos volviendo más conscientes de los muchos niveles de felicidad que están sucediendo simultáneamente a medida que encontramos a nuestros compañeros de antaño y nos reunimos en una unión sagrada compartiendo nuestras energías y volviendo a la dicha y la alegría orgásmica. Somos conscientes de los muchos seres — delfines, ballenas, estrellas, árboles, elementales— que se unen a nosotros en nuestro éxtasis. Estamos aprendiendo a no excluir más a nadie. Estamos empezando a olvidarnos de decir "No puedo" y a recordar decir "Sí, puedo".

Cada pensamiento que pensamos, cada imagen que vemos, cada posibilidad que podemos imaginar se convierte en una vibración gozosa que impregna y une todo al mismo tiempo. Nos damos cuenta de que Todo es Uno. Todo está aquí como Uno.

Maestros de redes Lemurianos acomodando ciclos dentro y fuera

Somos los Maestros Lemurianos que encarnamos al principio y al final de los grandes ciclos de civilización de la Tierra. Venimos a ayudar con la transición de un nivel de conciencia al siguiente y mantenemos los códigos para cada nueva frecuencia que se siembra en el planeta. Las Llamas Gemelas se unen durante estas vidas para trabajar en asociación para anclar las energías para cada nueva fase de la evolución humana. Tenemos los recuerdos de la Belleza al comienzo de cada ciclo y el dolor de la destrucción al final de cada ciclo. A muchos de nosotros se nos impide estar con nuestras Llamas Gemelas en esta vida porque tenemos un dolor no resuelto por perderlas en la destrucción de Atlantis y Lemuria. Debemos aclarar este dolor porque estamos destinados a trabajar con nuestros socios de polaridad en este momento para ayudar a la madre Tierra en su regreso a la Unidad.

Desafíos físicos y emocionales en este momento

Las energías para la Tierra sanada están vibrando a alta frecuencia y ondeando alrededor del globo. Mientras esto ocurre, están provocando una serie de reacciones físicas y emocionales al entrar en nuestros cuerpos energéticos. Los recuerdos de dolor y abuso que llevamos resuenan a una frecuencia mucho más baja, por lo que cuando la energía del Amor puro golpea nuestro campo energético, desencadena reacciones a medida que el cuerpo limpia las viejas energías.

Muchas personas están experimentando dolor físico, especialmente en los huesos, ya que literalmente comenzamos a desarrollar un nuevo cuerpo con una frecuencia cristalina mucho más alta. Actualmente estamos en el proceso de "transición". Como saben aquellos de ustedes que han experimentado o trabajado con el parto, la fase de transición de una madre en trabajo de parto es la más difícil. A medida que nuestros huesos cambian a una nueva estructura cristalina, muchas personas experimentan dolor o huesos rotos. Además, los viejos miedos y ansiedades están aflorando, siendo expulsados por la energía del Amor puro para que puedan ser despejados y liberados. Este es el momento de una gran curación cuando todas las viejas heridas se abren para ser curadas. Es un momento desafiante mientras viajamos ciegamente a través del proceso del nacimiento, sin saber conscientemente que nada menos que nuestro brillante yo divino está dando a luz. El resultado será glorioso.

A medida que surgen las emociones y los problemas físicos, pueden sentirse bastante abrumadores, por lo que es útil encontrar una buena "partera" que ayude en el proceso. La hipnoterapia, la sanación con sonido y / o energía y el trabajo corporal ayudan a las personas a incorporar el Plano de la Totalidad y a liberar los recuerdos que los mantienen separados. Las emociones que surgen pueden sentirse muy reales, pero son solo recuerdos y se pueden borrar muy rápidamente con ayuda.

Algunos de los síntomas físicos incluyen altas temperaturas repentinas, tos, resfriados, dolores de oído, dolores de cabeza y trastornos digestivos a medida que el cuerpo reacciona a las altas frecuencias y literalmente quema las viejas energías atascadas que nos mantienen en densidad y bloquean la Luz. Estamos recuperando la conciencia de quiénes somos y comenzando a vivirla ahora.

Este tiempo de Acuario es para que seamos más creativos en el ámbito del cerebro derecho mental. A medida que volvamos a conectar nuestras cadenas de ADN, volveremos a tener más acceso a la parte creativa del cerebro.

Tenemos la conciencia para cambiar todo lo que le ha pasado a la Tierra, y por eso los recuerdos de Lemuria están regresando. Necesitamos borrar todos los recuerdos adjuntos a la Caída porque, para muchos de nosotros, estos recuerdos nos impiden conectarnos y manifestarnos desde nuestro yo divino.

Saliendo del ego y entrando a la unidad

Es hora de salir del ego. Debemos manifestarnos ahora por el bien de todos, la comunidad y el planeta. Necesitamos borrar los recuerdos dolorosos de La Caída porque estamos asociando el proceso de manifestación con el dolor de La Caída, que violó nuestra pureza y nuestra inocencia original. Perdimos muchas de nuestras cadenas de ADN y caímos en un gran vacío, en otra conciencia. Ahora podemos reclamar conscientemente nuestra inocencia. Ahora es el momento de la consumación de todo el proceso, la combinación de conciencia e inocencia fusionándose en Uno.

En el vientre de la Gran Madre, entramos en la materia. La Caída fue el gran momento en que trajimos Luz a este asunto como una forma de creación de la dualidad con el Padre Divino y la Madre Divina uniéndose como Uno en el acto de la Creación. Ahora es el momento de dar un paso adelante y reclamar este poder y nuestro dominio sobre todas las dimensiones. Debemos reclamar la Luz mientras volvemos a equilibrar el principio masculino con el principio femenino. Creamos nuestro mundo, las flores, las plantas y las criaturas en los Templos de la Creación. Tenemos conocimiento y poder codificados en nuestro ADN. Ahora es el momento de liberar estos recuerdos, reactivar los códigos y regresar al paraíso a la Madre Tierra, al Jardín del Edén.

CAPÍTULO 19

HAWAII Y LAS ISLAS DEL PACÍFICO

Ciertos lugares de la Tierra guardan recuerdos de la antigua Lemuria, y se está llamando a personas para que vivan o visiten estos sitios antiguos que contienen las frecuencias de la civilización perdida. Nueva Zelanda, Australia, Indonesia, Japón y todas las islas del Pacífico tienen estos recuerdos almacenados en las piedras y la tierra, así como también en la costa oeste de América del Norte y del Sur: California, Brasil, Chile, México y Perú. Todos estos lugares tienen poblaciones de delfines y ballenas que esperan reconectarse con nosotros y ayudarnos a despertar y recordar quiénes somos.

Las islas hawaianas son un punto generador que está conectado con todas las demás islas del Pacífico. Trajimos los códigos aquí y los pusimos en una forma en la que pudieran viajar a través de las líneas ley de las rejillas de la Tierra. Los tradujimos para que pudieran ser recibidos en el plano terrestre. Se está llamando a muchos maestros Lemurianos para que regresen a Hawái para que se activen sus códigos inactivos. Nada se pierde nunca. No es algo que debamos aprender, solo recuerda. Estos códigos pueden ser activados por sonido, por interacción con ballenas y delfines de cualquier manera, o por curanderos que poseen las frecuencias.

La gran isla de Hawái es la que conservó más energía de Lemuria después de La Caída. Las vibraciones puras que existían antes de La Caída son más accesibles en Maui, Lanai y Kauai. Esta es una energía más sutil y refinada, por lo que es más fácil traer los planos de la matriz de Totalidad. En la Isla Grande de Hawái necesitamos trasladar las energías por medio de los filtros en nuestros campos de energía para refinarla, pero en Maui no es necesario, y es por eso que hay tantos Trabajadores de la Luz allí.

La red subyacente ya está en su lugar para anclar el plano de Totalidad. Es fuerte, de fácil acceso y fácil de trabajar.

Maui tiene un fuerte espíritu comunitario que debe estar arraigado en todo Hawái. El volcán Haleakala era un centro de energía muy poderoso en Lemuria. Esta energía hace que la frecuencia Lemuriana sea más accesible para los maestros, sanadores y líderes del Nuevo Amanecer sobre la Tierra, quienes deben traer de regreso las antiguas enseñanzas y verdades. A medida que nos reconectamos con la Fuente y nos volvemos completos y sanos, la energía reverbera como ondas en un estanque y toca a muchos más.

Cuando estamos en el agua con los cetáceos escuchando sus sonidos o simplemente viéndolos, podemos recibir fácilmente los códigos que nos ayudarán a recordar la Plenitud y el Amor. Cuando suficientes personas recuerden, todo el planeta puede volver a la conciencia Lemuriana de Amor puro y Totalidad, pero esta vez será en nuestros densos cuerpos físicos. Cuando la frecuencia del Amor incondicional resuene en nuestros campos de energía, afectará y activará las energías de cualquiera que entre en contacto con nosotros.

Ceremonia para reabrir la grilla de la ciudad de cristal en la bahía de Kealakekua

El 20 de agosto de 2006, un grupo de nosotros nos paramos en círculo junto al océano y tonificamos con la intención de reabrir la grilla de la ciudad de cristal, que se encuentra en el océano entre la bahía de Kealakekua y la bahía de Honaunau, las dos bahías donde los delfines son los más activos. Luego nos volvimos hacia el sol poniente en un semicírculo y entonamos nuevamente en la energía del sol con la intención de reconectarnos con la frecuencia de la Totalidad a través del Gran Sol Central.

Mientras hacíamos esto, varias personas vieron con su vista interior una ciudad de luz aparecer sobre el océano en el horizonte. Luego formamos nuestro círculo en la hierba en la playa de Manini y conectamos la energía a las redes de la Tierra que completaron la reactivación del templo. Desde entonces, he descubierto ciudades de cristal en el cráter de Haleakala, Valle de Kalalau en Kauai, La Bahía Manele en Lanai y Huelo en Maui. Estoy segura de que hay otros esperando ser redescubiertos.

Aquellos que se han reconectado con estas frecuencias ya tienen la energía de la Nueva Tierra resonando en sus campos. El cambio de energía está comenzando en Hawái y desde allí viaja a través de la Tierra. Las energías se transmiten y reciben a través de los grandes centros de poder de la Tierra que amplifican la energía y la transmiten. Los Trabajadores de Luz llevan esta frecuencia en su campo de energía una vez que ha sido activada y por eso estamos viajando tanto ahora.

Después de pasar cinco meses en Hawái recibiendo activaciones, me encontré viajando durante seis meses llevando las frecuencias a Inglaterra, especialmente Stonehenge y Glastonbury; luego a California; New Grange en Irlanda; Salt Lake City, Utah; Sedona, Arizona; Santa Fe, Nuevo México; y La Montaña Shasta, en California. Mientras estuve en estos lugares, en mis talleres pasé las frecuencias a los participantes que fueron activados y luego los llevaron en sus propios viajes. Con solo viajar, estamos haciendo que la Luz llegue a la existencia cuando nos encontremos visitando los grandes centros de vórtices de energía del planeta, como Machu Picchu, Giza, La Roca Ayers en Australia, El Gran Tetons, Stonehenge, New Grange en Irlanda y / o las pirámides mayas de Yucatán. Un amigo y yo nos encontramos en el Cañón Boynton en Sedona, Arizona, en una cornisa con vistas al valle.

Allí, en el lado opuesto, había una ciudad Lemuriana completa con templos y pilares que parecen tallados en roca. Había todo un grupo de seres Lemurianos esperando allí para reactivar el templo.

La tonificación es especialmente poderosa para transmitir los códigos a medida que el sonido es recibido por las rocas y cristales en los lugares sagrados y por todos los que posteriormente los visitan. Cuando visito sitios antiguos, siempre entono y luego entro en silencio para ver qué mensaje tienen las piedras para mí. Simplemente una ceremonia muy simple, oraciones, tonificación o sentarse en silencio ayudará a conectar con los recuerdos del lugar.

Mientras sostenemos el Plano de la Tierra sanada y transformada, ella se mueve lentamente hacia esa energía; sin embargo, las personas están experimentando muchos desafíos en este momento, al igual que la Madre Tierra. Ella se está limpiando a sí misma como es evidente en el aumento de terremotos, tsunamis y actividad volcánica. Ella está desplazando la energía de la Vieja Tierra de sus placas tectónicas, mientras nosotros ajustamos de nuestros huesos la energía vieja de nuestra conciencia de separación. Estamos desarrollando un nuevo cuerpo de Luz y como también lo hace la Madre Tierra.

Es hora de que todos despertemos
para recordar quiénes somos,
y dar a luz la Tierra Nueva.

EPÍLOGO

EL PROPÓSITO DE CHARMIAN COMO FUE CANALIZADO POR EL MIEMBRO DE SU EQUIPO

Charmian nada con los delfines regularmente y estuvo en Lemuria. Ella fue una de las semillas estelares originales que trajo aquí los códigos de Lemuria. Ella los está transmitiendo a personas que están listas para recibirlos ahora. Los códigos resurgen en cada parte de su trabajo; le recuerdan a la gente que están completos. El trabajo viajero que hace es un vínculo directo para traer a las personas de vuelta a la Totalidad, de regreso al Amor. Ella tiene eso en su interior. Ella está aquí para recordarle a la gente quiénes son.

Ha llegado el momento de activar los códigos de luz en el ADN que se descargaron en Lemuria. Estos códigos nos ayudarán a activar nuestro Cuerpo de Luz Divino Humano-Galáctico y nos permitirán crear una nueva realidad, que podría manifestarse como relaciones exitosas, abundancia financiera o un hogar hermoso. Estos códigos que Charmian nos ayuda a activar también nos permiten magnetizar a nuestras almas familiares hacia nosotros, devolviéndonos ese sentimiento de comunidad, nunca más sintiéndonos solos. Charmian también está aquí para dar la bienvenida a los nuevos niños al mundo a través de su trabajo como instructora de parteras e hypnobabies™.

Ahora podemos volver a la forma en que la sociedad estaba organizada y operaba en Lemuria. La antigua conexión Lemuriana todavía está aquí, aunque mucha gente no piensa en ella ahora.

La tecnología, la curación, el Amor es lo que es Charmian. Ella es conexión. es amor. Ella recuerda quién es ella.

Ella recuerda su conexión con Lemuria, los delfines, las ballenas, los ángeles y los guías. Ella es una mensajera. Ella ha venido aquí directamente para recordarle a la gente quiénes son. Su método funciona a través de imágenes guiadas e hipnosis y es un regalo porque a las personas les encanta volver a ser quienes son y no saben cómo hacerlo.

Viajar es un regalo único porque lleva a las personas a lugares a los que no pueden acceder por sí solas y eso se suma al todo. Cuando llegue su pareja, será un encuentro en perfecto equilibrio. Ella ha estado trabajando con el lado de la Diosa y la pareja traerá el lado masculino. A medida que se unen por el bien de todos en una conexión extática con Dios, estarán modelando lo que todos pueden aspirar a lograr: conexión con la Fuente en un nivel más profundo, apasionado e íntimo.

Estar en Maui es el hogar de Charmian. Los recuerdos están muy cerca de la superficie aquí y son muy fácilmente accesibles. Los lleva a todos en su campo de energía porque era una maestra de la red en Lemuria. Los planos llegaron a través de ella para todo, y otras personas decodificaron sus piezas. Ella tenía la llave maestra, así que cuando viaja, sucede lo mismo; las personas pueden abrir las teclas que les son apropiadas mediante la sintonía con sus campos de energía. Esto sucede ya sea a través de los grupos que ella enseña o individualmente a través de sesiones de visualización y sonido. No importa lo que hagamos. Abre su campo de energía cantando, tocando la batería, tonificando o viajando, para que las personas puedan recibir lo que necesiten.

Charmian es un conector y ensamblador. Ella conecta a la gente con la Luz; ella puede ver dónde está roto el hilo y puede arreglarlo o curarlo. Ella toma de la mano a otra persona y luego toma la mano de la Luz y hace la conexión para cualquier persona con la que entre en contacto.

Ella los conecta a la Luz donde se rompe con palabras, acciones o sonidos; ella conoce las claves para desbloquear la conexión con la Luz Pura o esencia de cada persona.

Ella está aquí para traer los códigos de Lemuria para ayudar a sembrar la Nueva Tierra. Toda la nueva forma ya está resonando en su campo de energía. Hawái es el lugar donde comienza la nueva energía, por lo que su campo de energía ya ha aceptado e integrado las nuevas frecuencias para la Nueva Tierra. Ella está recuperando el camino Lemuriano del amor de la manera que ella sabe, amando y cuidando a todos por igual. Ella se preocupa por todos como si fueran parte de un todo, y todos son especiales.

Dondequiera que viaje, está sembrando las frecuencias en la tierra y en las personas, y luego las transmite a otras personas con las que entran en contacto. Tiene una fuerte conexión con la parte sonora de Lemuria y es responsable de reunir a las personas para co-crear un punto de enfoque utilizando el sonido. Charmian tiene la capacidad de hacer las preguntas correctas para obtener la información necesaria para ayudarlos a resonar en armonía con sus Yo Superiores, los Propósitos de sus Almas y con sus imágenes más grandes. Uno de sus dones es que puede ver distorsiones psíquicas en la información que está entrando, lo que significa que no está alineada con la Matriz de Totalidad para esa persona. Ella tiene la capacidad de guiarlos de regreso a la alineación con su Verdadero Ser.

SOBRE EL AUTOR

En 1980, Charmian tuvo una experiencia cercana a la muerte en la que regresó a la Unicidad y recordó quién es ella. Desde entonces ha estado ayudando a otros a través de su talleres y sesiones personales para que se reconecten con su Ser Divino y activar los códigos de ADN para la ascensión.

Ella ha recordado sus muchas vidas como maestra y sanadora en las escuelas de misterio siempre guiando a sus alumnos a encontrar el Dios Interior y para empoderarse a sí mismos.

Desde que se mudó a Hawái en 2006, Charmian ha sacado a relucir muchos recuerdos de la antigua Lemuria; donde vivíamos en Unicidad y usábamos nuestra intención y conexión con la Fuente para crear todo lo que necesitábamos en nuestras vidas. Su trabajo ahora es traer de vuelta a los equipos que trabajaron en las Antiguas Ciudades de Cristal para que podamos comenzar a crear nuestro Nuevo Mundo.

Charmian puede ser contactada en su sitio de internet www.cominghometolemuria.com (todo junto) ofrece sesiones por teléfono y en persona guiando a los clientes en sus propios recuerdos de las hermosas vidas en Lemuria y en muchos otros sistemas estelares, así como encarnaciones en la Tierra.

Other Books by Ozark Mountain Publishing, Inc.

Dolores Cannon
A Soul Remembers Hiroshima
Between Death and Life
Conversations with Nostradamus,
   Volume I, II, III
The Convoluted Universe -Book One,
   Two, Three, Four, Five
The Custodians
Five Lives Remembered
Jesus and the Essenes
Keepers of the Garden
Legacy from the Stars
The Legend of Starcrash
The Search for Hidden Sacred Knowledge
They Walked with Jesus
The Three Waves of Volunteers and the
   New Earth
Aron Abrahamsen
Holiday in Heaven
Out of the Archives – Earth Changes
James Ream Adams
Little Steps
Justine Alessi & M. E. McMillan
Rebirth of the Oracle
Kathryn/Patrick Andries
Naked in Public
Kathryn Andries
The Big Desire
Dream Doctor
Soul Choices: Six Paths to Find Your Life
   Purpose
Soul Choices: Six Paths to Fulfilling
   Relationships
Patrick Andries
Owners Manual for the Mind
Cat Baldwin
Divine Gifts of Healing
Dan Bird
Finding Your Way in the Spiritual Age
Waking Up in the Spiritual Age
Julia Cannon
Soul Speak – The Language of Your Body
Ronald Chapman
Seeing True
Albert Cheung
The Emperor's Stargate
Jack Churchward
Lifting the Veil on the Lost Continent of
   Mu
The Stone Tablets of Mu
Sherri Cortland

Guide Group Fridays
Raising Our Vibrations for the New Age
Spiritual Tool Box
Windows of Opportunity
Patrick De Haan
The Alien Handbook
Paulinne Delcour-Min
Spiritual Gold
Holly Ice
Divine Fire
Joanne DiMaggio
Edgar Cayce and the Unfulfilled Destiny
   of Thomas Jefferson Reborn
Anthony DeNino
The Power of Giving and Gratitude
Michael Dennis
Morning Coffee with God
God's Many Mansions
Carolyn Greer Daly
Opening to Fullness of Spirit
Anita Holmes
Twidders
Aaron Hoopes
Reconnecting to the Earth
Victoria Hunt
Kiss the Wind
Patricia Irvine
In Light and In Shade
Kevin Killen
Ghosts and Me
Diane Lewis
From Psychic to Soul
Donna Lynn
From Fear to Love
Maureen McGill
Baby It's You
Maureen McGill & Nola Davis
Live from the Other Side
Curt Melliger
Heaven Here on Earth
Henry Michaelson
And Jesus Said – A Conversation
Dennis Milner
Kosmos
Andy Myers
Not Your Average Angel Book
Guy Needler
Avoiding Karma
Beyond the Source – Book 1, Book 2
The Anne Dialogues

For more information about any of the above titles, soon to be released titles,
or other items in our catalog, write, phone or visit our website:
PO Box 754, Huntsville, AR 72740
479-738-2348/800-935-0045
www.ozarkmt.com

Other Books by Ozark Mountain Publishing, Inc.

The Curators
The History of God
The Origin Speaks
James Nussbaumer
And Then I Knew My Abundance
The Master of Everything
Mastering Your Own Spiritual Freedom
Living Your Dram, Not Someone Else's
Sherry O'Brian
Peaks and Valleys
Riet Okken
The Liberating Power of Emotions
Gabrielle Orr
Akashic Records: One True Love
Let Miracles Happen
Victor Parachin
Sit a Bit
Nikki Pattillo
A Spiritual Evolution
Children of the Stars
Rev. Grant H. Pealer
A Funny Thing Happened on the
    Way to Heaven
Worlds Beyond Death
Victoria Pendragon
Born Healers
Feng Shui from the Inside, Out
Sleep Magic
The Sleeping Phoenix
Being In A Body
Michael Perlin
Fantastic Adventures in Metaphysics
Walter Pullen
Evolution of the Spirit
Debra Rayburn
Let's Get Natural with Herbs
Charmian Redwood
A New Earth Rising
Coming Home to Lemuria
David Rivinus
Always Dreaming
Richard Rowe
Imagining the Unimaginable
Exploring the Divine Library
M. Don Schorn
Elder Gods of Antiquity
Legacy of the Elder Gods
Gardens of the Elder Gods
Reincarnation...Stepping Stones of Life
Garnet Schulhauser

Dance of Eternal Rapture
Dance of Heavenly Bliss
Dancing Forever with Spirit
Dancing on a Stamp
Manuella Stoerzer
Headless Chicken
Annie Stillwater Gray
Education of a Guardian Angel
The Dawn Book
Work of a Guardian Angel
Joys of a Guardian Angel
Blair Styra
Don't Change the Channel
Who Catharted
Natalie Sudman
Application of Impossible Things
L.R. Sumpter
Judy's Story
The Old is New
We Are the Creators
Artur Tradevosyan
Croton
Jim Thomas
Tales from the Trance
Jolene and Jason Tierney
A Quest of Transcendence
Nicholas Vesey
Living the Life-Force
Janie Wells
Embracing the Human Journey
Payment for Passage
Dennis Wheatley/ Maria Wheatley
The Essential Dowsing Guide
Maria Wheatley
Druidic Soul Star Astrology
Jacquelyn Wiersma
The Zodiac Recipe
Sherry Wilde
The Forgotten Promise
Lyn Willmoth
A Small Book of Comfort
Stuart Wilson & Joanna Prentis
Atlantis and the New Consciousness
Beyond Limitations
The Essenes -Children of the Light
The Magdalene Version
Power of the Magdalene
Robert Winterhalter
The Healing Christ

For more information about any of the above titles, soon to be released titles,
or other items in our catalog, write, phone or visit our website:
PO Box 754, Huntsville, AR 72740
479-738-2348/800-935-0045
www.ozarkmt.com